U0925493

山东省杂粮产业化经营研究

牟少岩　林德荣　著

中国农业出版社

前　言

杂粮是粮食生产的一种补充，在农业生产和农户的家庭经营中处于从属地位，具有很重的自发和自然性质。这与供给侧改革背景下农业生产结构调整的要求，随着生活水平的提高对膳食结构改善、营养平衡与保健的要求不相适应，需要重新认识杂粮生产的地位和作用。必须以区域化布局、规模化经营、标准化生产的模式，走产业化经营之路。杂粮产业的发展即将进入新阶段。

目前杂粮的生产主体是分散的农户，生产方式是利用零散的土地粗放经营。这种生产模式将长期存在，继续供给自身消费、赠送亲朋好友等隐形市场消费，同时以聚沙成塔的方式提供一定的商品量供给市场。杂粮产业的发展则要按照产业化经营的要求实现区域化布局，规模化经营，标准化生产，建立产前、产中、产后诸环节的有机联系。其中，新型经营主体的规模化经营、杂粮消费走出主产区是杂粮产业发展的关键。科技创新是促进杂粮生产、流通及加工等全产业链各环节健康发展的重要支撑。

本书得到了山东省现代农业产业技术体系（杂粮）创新团队各位专家的大力支持，是产业经济岗位团队成员的共同研究成果。山东省地方政府各相关业务主管部门对调研活动给予了大力支持和帮助，研究生张传永、孙翔等为调研和数据处理付出了辛勤劳动和努力，在此一并表示感谢。

由于时间仓促、调研时间有限，当然，主要是由于作者学识和视野有限，书中肯定有错误和不足之处，真诚希望有识之士不吝赐教。也真诚希望本书能成为引玉之砖，引起学界、政界和业界对杂粮产业发展的深度思考。

牟少岩　林德荣

2016年9月

目　录

总 论

我国杂粮主要包括谷子、高粱、黍子、荞麦、燕麦、大麦以及绿豆、黑豆、红小豆、豇豆、豌豆、蚕豆等作物。传统上把杂粮称为“小杂粮”，一是因为其生产规模小。与主粮相比，杂粮仅是粮食生产的一种补充，在农业生产中处于从属的地位。二是在粮食消费中所占比重小，对国家粮食安全的重要性也很小。近几年来，杂粮生产已面临新的形势和要求，杂粮消费进入了一个新阶段，需要重新认识杂粮生产的地位和作用，推动杂粮从分散的农户“维持性”的简单再生产模式向规模化经营、全产业链协调发展的产业化发展阶段转变，实现区域化布局、标准化生产、规模化经营、全产业链统筹，走产业化经营之路。

一、山东省杂粮产业现状分析

山东省杂粮种植历史悠久、地域分布广，是中国杂粮主产区之一，也是中国杂粮生产的代表性地区之一。山东省杂粮以谷子、高粱、绿豆、红小豆等为主，主要分布于丘陵和山区地带。其中，谷子、高粱种植面积相对较大，产区相对集中，其他杂粮则没有相对集中的产区，全省各地均有分布。2015年全省杂粮种植面积54.87万亩*，占粮食种植面积的0.49%；总产12.21万吨，占粮食总产的0.26%。

山东杂粮生产和加工已经形成一些具有地域特色的品牌。杂粮加工、杂粮市场都有一定程度的发展发育，产前、产中、产后等产业化经营的主要环节已具雏形。

（一）分散的农户是杂粮生产的主体

本研究首先对全省杂粮的规模化生产情况进行了了解。通过对省、地级市和部分区县业务主管部门的访谈，对其提供的线索进行了跟踪了解，除示范和试验基地、少数几个企业建立的生产基地外，未发现几十亩以上的规模生产主体。对山东省主要杂粮产区济南市章丘市、长清区，东营市利津县、淄博市博山区、淄川区、周村区，3个地市的6个区县的12个行政村的204户杂粮生产农户问卷调查，统计分析后发现，农户杂粮种植分散而且规模较小（图0-1）。(0～1]亩的占54%，(1～2]亩的占26%，(3～4]亩占4%，(4～5]4%，5亩以下占96%，(5～10]亩只占3%（图0-2）。分散的农户是杂粮生产的主体。用于杂粮生产的土地往往是田边地头、零星地

* 亩为非法定计量单位，1亩=1/15公顷。——编者注

块，对种植面积和产量都缺少认真核算。大部分农户生产的杂粮主要用于自家食用和赠送亲朋好友，用于销售的量和比例都很低。

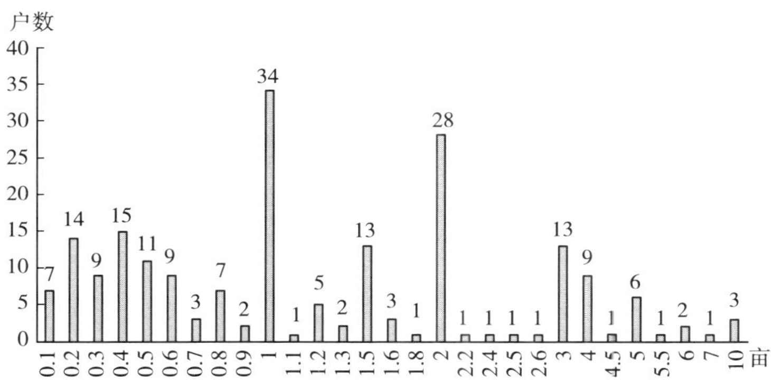

图 0－1　204 户调研农户杂粮种植规模情况

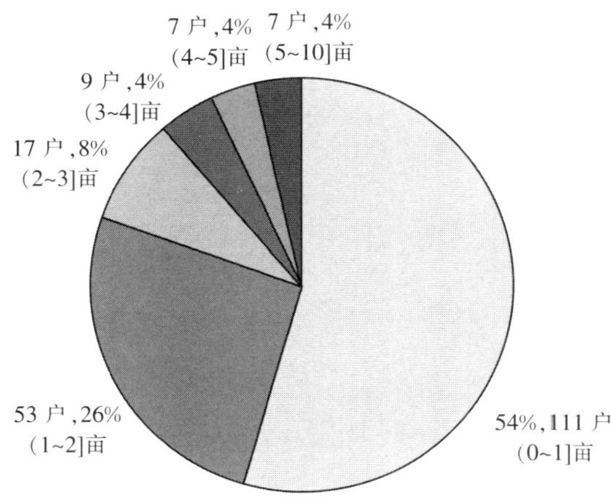

图 0－2　农户杂粮种植规模占比情况

（二）山东省杂粮良种良法推广有限，良种良法与传统品种和种植习惯并存

在生产上，谷子主要有济谷 12、济谷 13、济谷 14、济谷 16、阴天旱、菠菜根、鲁谷 10、冀谷 19、冀谷 31 等品种，高粱主要有鲁粱 3 号、抗 4、兴湘粱 2 号等品种，绿豆主要有中绿 1 号、鲁绿 1 号、鲁绿 2 号、豫绿 4 号、潍绿 1 号、潍绿 4 号等品种，红小豆主要有冀红 9218、冀红引 2 号等品种。这些品种具有适应性广，抗病性强，丰产性好，品质优等特点。其他杂粮如黍子、豇豆、黑豆、芸豆等多为地方品种。山东省红小豆等杂豆以夏播为主；谷子以夏播为主，约占 2/3；高粱、绿豆等杂粮春夏兼播。高产种植的关键栽培技术主要包括适期适量播种、间苗定苗、配方施肥、病虫害综合防治等。规模化种植基地多应用高产栽培技术，产量水平较高，农户分散种植的多是传统方式种植，管理粗放，产量水平较低。

杂粮于 2015 年纳入山东省现代农业产业技术体系，标志着杂粮良种良法的研究、推广纳入了政府视野，开始受到重视。

（三）山东省杂粮加工以初加工为主，深加工多为用杂粮作辅助材料

山东省杂粮加工大部分为初级加工，加工产品主要分

原粮（绿豆、红小豆、黑豆等）、粥料（小米、高粱米、大黄米、绿豆等）、粉料（小米面、高粱面、绿豆面等）。谷子在山东省种植历史悠久，形成了“龙山小米”和金乡“金谷”等多个知名品牌。高粱除了做粥料和粉料以外，主要用于酿酒、饲用等，如景芝酒业、古贝春集团等酒类生产企业均建有酿酒高粱基地。绿豆、豌豆是龙口粉丝的主要原料。据统计，2013 年以来，山东省各地杂粮品牌无公害产品认证 62 个，绿色产品认证 17 个，有机产品认证 1 个。由于杂粮初加工程序简单，不需要投入太多的成本。因此，杂粮的初加工多是家庭小作坊式加工。这种无序的加工方式，技术落后，质量难以保证，产品附加值低，不利于向深加工进一步发展，难以取得更好的经济效益。

杂粮深加工程度深、层次多，通过改变、提取杂粮营养品成分，并根据需要进行重新搭配。杂粮深加工产品主要有以下一些形式：

（1）杂粮饮品。包括普通型饮料和发酵型饮料，如以荞麦为原料的功能饮料，大麦茶、绿豆汁、一些含有杂粮成分的奶饮料等；而辅以牛奶、蔗糖，经乳酸菌发酵制成的荞麦酸奶、小米酸奶、薏苡仁酸奶则属于发酵型饮料。

（2）风味小吃。如以小米为主要原料的小米面煎饼，以红豆、绿豆为原料的红豆馅、绿豆馅包子等。

（3）方便食品。杂粮方便食品过去以杂粮挂面居多，随着工艺水平的提高，像杂粮八宝粥、杂粮方便面、以杂粮为原料的膨化食品也已陆续开发出来并投放到市场。

（4）以高粱、大麦等杂粮为原料的酿造食品。用杂粮酿酒自古有之，四川凉山地区的彝族人们很早就用苦荞麦为原料酿酒。如今，杂粮中的大麦是生产啤酒的主要原料，而小米、高粱也均可用来生产啤酒或白酒。

从全国来看，近几年杂粮深加工企业发展速度较快。据不完全统计，2000 年我国杂粮加工企业不到 2 000 家，而截至 2013 年有 5 000 多家，大约加工 23 个品种，年产销量在 870 万吨以上。虽然全国杂粮深加工企业快速发展，但就山东省来说，整体技术和工艺水平还比较低，从而影响了企业的利润水平和规模的扩大。这样反过来又限制企业对科技创新的投入，从而形成恶性循环。大部分加工企业都规模偏少，缺少大规模具有区域带动作用的龙头企业。在全国 2014 年度杂粮加工企业 10 强中，山东的企业一家都没有，这与山东杂粮生产大省的身份不相符合。目前山东省涉农企业中，国家级龙头企业有 43 个，省级龙头企业 207 个，其中主要产品中涉及杂粮的有 41 个。但山东省真正以杂粮为主原料进行加工的大规模企业数量较少，对杂粮生产的带动能力不足。

山东省杂粮加工种类主要以谷子、绿豆为主，对燕麦、荞麦、薯类等杂粮的开发利用相对较少，种类比较单一。单一的杂粮加工种类，不利于杂粮生产的多样化，加工企业集中于相同种类的杂粮加工，容易导致企业间的恶性竞争，不利于整个杂粮产业的发展。

由于杂粮生产规模小，商品量低，农户获得市场信息的意愿和能力都很低，因此农户在杂粮的品种选择和种植面积上具有很大的盲目性和随意性，很少按市场需求来对品种选择和种植面积进行理性决策，这就造成了杂粮加工的原料需求与供应相脱节。杂粮加工企业想扩大经营规模，却得不到加工所需、有质量保证的原材料。这一需求与供给的矛盾，极大地制约了杂粮企业的进一步发展。

（四）山东省杂粮市场体系不健全，规范的现代市场缺失

山东省杂粮市场主要是传统的地头收购市场和集散性批发市场，既缺少在全国有影响力的区域性批发市场，也没有现代意义上的批发市场、期货市场。极为分散的农户生产和同样极为分散的家庭消费通过传统的地头收购市场和集散性批发市场、各种形式的零售市场相连接，造成了杂粮市场的初级性和原始性，面临“小生产”和“大市场”的矛盾。

就杂粮生产而言，无论从资源配置、生产能力、生产规模、产量和商品量而言，农户基本上都处于较低的水平，普通农户没有必要、没有意愿将更多的时间和精力投入到杂粮生产经营上，农户也没有强烈的意愿改变杂粮生

产的现状，农户大都要么不种，要么零星种植或者在其他农作物的间隔中套种，自足即可。无论在种植面积、还是产量都远远低于其他农产品。这就决定了杂粮生产是“小生产”的基本特征。杂粮的消费市场则遍布全国城乡。消费对生产具有反作用，这种“小生产”不仅满足不了“大市场”，而且还会制约“大市场”的发展。这也是近几年杂粮市场“卖难”“买贵”现象并存的原因。农户想把手中剩余的杂粮卖掉，却找不到销售渠道，而杂粮价格却飞速上涨。这种“小生产”和“大市场”的矛盾是短时间内无法解决的，这需要一个长期的过程。

二、新形势要求提高杂粮产业地位

（一）农业供给侧改革对杂粮生产提出了新要求，提供了新机遇

基于国家粮食安全的考虑，我国一直把粮食生产放在重要的突出位置，这是必要和应该的，但在粮食连年增产、库存压力持续加大的情况下，粮食安全的形势已经发生了很大变化，不再紧迫和严重。同时，我国耕地资源、水资源十分紧张，而且扩大耕地资源的潜力空间又非常有限，因此，在保障粮食的前提下，除了继续重视水稻、小麦、玉米等大宗粮食作物外，还应积极调整粮食生产结构，积极发展杂粮生产。

2016年中央1号文件对今后我国“三农”发展提出一系列重要举措，农业供给侧结构性改革是中央1号文件的重要内容。推进农业供给侧结构性改革，核心是围绕市场的需求进行生产，优化农业资源的配置，扩大农产品有效供给，增强供给结构的适应性和灵活性。中农办主任陈锡文表示：国内粮食供给的品种结构和市场需求的品种结构存在着不适应的方面。农业部部长韩长赋表示：“当前，我国农业经济运行中有总量平衡问题，但结构性问题更为突出，要加快推进农业供给侧结构性改革，下力气推进种植业、畜牧业、渔业结构调整。”农业部副部长余欣荣表示，为推进农业结构性改革，农业部决定适当调减玉米等大宗粮食作物的生产，调减出的耕地根据市场需要因地制宜的发展青储玉米、饲草、杂粮等作物。

杂粮是供给结构调整不可或缺的重要品种。杂粮类作物的共同特点是适宜播种期较长，生育期较短，抗旱耐瘠，既适宜于生产条件差的丘陵山地、旱薄地、新垦荒地种植，也可以与大宗作物实行间作、套种、混种。杂粮的种植适应范围广，不仅可以在条件较差的土地上，如山地、丘陵、旱地等种植，而且还能在田头地角、田岸等上面种植，也可与小麦、玉米等实行间作、套种、混种。同时，与大宗粮食作物相比，杂粮生产过程中施用的化肥、农药较少，对环境的污染较小。因此，种植杂粮不但有利于提高土地利用率，而且有利于增加粮食数量和保护生态环境。

过去我国农业生产特别是大宗粮食作物的生产主要以产量为目标，以保障粮食数量安全为目标。随着大宗粮食作物的连年增产，供求总量基本平衡，但结构性问题日益凸显。主要粮食作物过剩，玉米阶段性供过于求，大豆缺口逐年扩大，优质饲草供应不足，说明有效供给不能适应需求变化，农业生产存在结构性不合理。而随着人们收入水平的提高，对农产品的需求结构也发生了显著变化，吃饱不再是问题，而是要吃好。农产品的供给结构无法适应农产品需求结构的变化，导致农产品供求失衡，这种供需双方的结构性失衡成为阻碍农业发展突出问题和矛盾。农业供给侧结构性改革是解决这一矛盾的有效途径，杂粮独特的药用保健价值越来越受到人们的喜爱，近年来需求不断增加。农业供给侧改革绝不是简单的压缩粮食生产，务必保证粮食的生产能力，保障粮食安全，根据市场结构的变化，适时调整粮食种植结构，适度调整玉米等过剩作物的生产，增加大豆和杂粮作物的生产以适应市场需求结构的变化，这是农业供给侧改革对杂粮生产提出的新要求，为杂粮的发展提供了前所未有的新机遇。

同时，杂粮有利于促进自然条件较差地区农业发展。中国干旱半干旱地区占国土面积的一半以上，主要分布在西北地区，少数民族地区、边疆地区等贫困地区。这些地区农业生产的自然条件较差，经济相对落后，农民收入水平不高。杂粮由于耐干旱、贫瘠，适应性强，对生长的自然地理环境要求较低，比较适合在这些地区种植，杂粮种植更能发挥出这些地区的自然资源优势。而且在主粮价格走低的情况下，杂粮生产的经济效益要远大于小麦、玉米等大宗作物，如表 0－1 所示种植小米和绿豆的经济效益要远远高于小麦、玉米、花生等农作物，小米和绿豆的亩纯收益差不多，小米亩纯收益比玉米高 76%，比小麦高 70.9%，比花生高 42.8%，绿豆亩纯收益比玉米高 78.2%，比小麦高 72.5%，比花生高 44.2%。由于杂粮种植效益较高，适应性、抗逆性强，成为自然条件较差地区农民种植的不二选择，杂粮是这些地区农民的重要口粮，也是农民收入的主要来源。通过发展杂粮产业开展“科学扶贫、精准扶贫”是实现贫困地区脱贫致富的最直接最有效的手段，有利于促进自然条件较差地区的经济发展。

表 0－1　2014 年山东小米、绿豆、小麦、玉米、花生的粮种植效益比较

种类	亩产（千克）	价格（元/千克）	亩收入（元）	亩成本（元）	亩纯收入（元）
小麦	450	2.4	1 080	453	742
玉米	533	2.2	1 172.6	344	718
花生	313.8	6	1 882.8	995	887.8
小米	154	12	1 848	580	1 268
绿豆	150	12	1 800	520	1 280

数据来源：课题组调查问卷整理。

（二）杂粮主食化已经成为明确的发展趋势

杂粮具有较好的药用保健作用，有利于提高居民健康水平。杂粮的营养具有多样性，不少杂粮医食同源，自古以来一直备受喜爱和青睐。近年来，随着人们保健意识的增强和生活水平的提高，越来越多的人把食用杂粮当做一种安全、健康的饮食理念。杂粮对糖尿病、高血压等现代文明病有很好的食疗和保健作用。如小米营养成分中含有多种人体必需的氨基酸、维生素和矿物质，具有养胃、护肾和防治多种疾病等功效。而国际营养和卫生组织研究发现，杂粮的特殊营养价值还没有被充分的认识和利用。随着人们对杂粮营养价值认识的加深，其保健作用将会进一步得到挖掘和利用。

同时，随着生活水平的提高，营养平衡逐步成为饮食的首要原则，以米制或面制为主的主食结构是不符合平衡营养原则的，必须辅之一定数量的杂粮，从而主食中含量不足或根本没有的营养成分，如钙、钠和微量维生素。粮食加工越精细，营养素损失得就越多。而将杂粮与稻米、小麦等搭配食用，就能做到营养互补，还有助于提高食物的营养价值，如 2/3 的大米加进 1/3 的玉米做成食品，可使大米的蛋白质利用率从 58％ 提高到 70％ 。另有研究表明，在健康合理的膳食营养结构中粗粮应占 20％左右。杂粮产品日益成为粮食和食品的重要组成部分，消费者对杂粮产品的消费需求稳定增长，优质产品供不应求。

当然，杂粮主食化不是杂粮主粮化，不是把杂粮提升为与主粮并列的地位，而是根据营养平衡的要求，把口粮中杂粮消费提升至一定比例；把杂粮加工成主食。学界已经对杂粮和特定杂粮品种的主食化进行了多方面研究，政府也采取了一定行动。《粮食加工业发展规划（2011—2020）》提出，计划在西北、西南地区建设以主食为主的荞麦加工基地和青稞加工基地。在西北等地区建设以燕麦片、燕麦米、燕麦主食面粉等为主的加工基地。在东北、华北和西北地区建设以速食快餐等为主的谷子和糜子、小米主食面粉、杂豆类主食面粉和红小豆、绿豆等杂豆加工基地。在东北和华北等地区建设高粱米和高粱主食面粉加工基地。加强杂粮加工专用设备和关键技术研发，提高杂粮加工规模和技术水平，加快开发系列化传统食品、健康方便新食品。

（三）杂粮生产有助于提高我国农业国际竞争力

杂粮的种植方式与大宗粮食作物不同。杂粮种植相对分散，地形较为复杂，不适于机械化大规模作业，一些生产环节，如采收环节，只能依靠人工操作，劳动成本相对较高，难以在发达国家大面积的种植，因此，可以说，全世界范围内的杂粮总产量在相当长的时期内增幅有限，杂粮在国际市场上将有良好的前景。我国是世界上盛产杂粮的国家。从种植面积和总产量占世界的比重来看，我国谷子均占第1位，荞麦、糜子和黍稷均居第2位，高粱分别居第8位和第6位。我国的杂粮品种较多，气候环境和土质适宜杂粮生长，加上我国的劳动力相对廉价，因此，生产杂粮具有较强的比较优势，在农产品国际贸易中可拥有更多的话语权，从而起到带动我国农业国际竞争力增强的作用。

三、杂粮产业发展应当走产业化经营之路

新形势要求提高杂粮产业的地位，分散的农户生产模式很难适应这一转变和要求，但这一生产模式有其存在的合理性和必要性，不能否定和取消，必须转变思路，寻求发展之路。

（一）杂粮产业作为现代农业的有机组成部分必须走产业化经营之路

国内外农业发展的实践和经验证明，产业化是发展现代农业的有效途径。对于杂粮生产来说，其产业化的核心是以市场为导向、以主导产品为重点，通过延长杂粮产业链条的方式把其产前、产中和产后环节有效的衔接起来，以提高杂粮产品的科技含量和附加值。

杂粮产业化可进一步扩大农户生产经营外部规模，实

现杂粮小生产与大市场的有效对接，使杂粮生产的规模效益得以较好的体现，从而让杂粮生产者能够更多的分享杂粮产业化发展过程中带来的价值。这对于消除影响杂粮产业发展的障碍和更好地服务于粮食安全新战略的需要、带动农业国际竞争力的提升等都有着重要的意义。

（二）现代物流体系和商贸体系为杂粮消费突破地域限制提供了可能

在农户把杂粮生产作为家庭经营的一种补充的情况下，由于种植分散，商品率低，交易成本高，质量难以管控，市场体系和流通体系不完善。同时，杂粮的主产区一般是山区和丘陵地区，以前由于交通不便，运输费用高。杂粮难以运输到产地之外销售，农户种植的杂粮主要是自己消费和赠送亲朋好友。由于这两方面原因，杂粮往往走不出产区，存在农户自给自足、产区自给自足的发展瓶颈。经过几十年的发展，我国已形成比较完善的物流体系和商贸体系，以各种农产品批发市场为核心的购销商，各种连锁超市、便利店以及农产品加工企业构成现代物流体系和商贸体系的主体，基本上形成了从生产、收购、流通加工、运输、储存、装卸、搬运、包装、配送到销售的完整的服务体系，构建了现代粮食物流公共信息平台和业务信息平台，形成了区域性粮食现代物流信息平台体系，与网络销售相伴生，物流配送服务无论是服务理念还是服务能力，都得到了较大的发展，农村电子商务物流体系逐步完善，农村物流企业覆盖了所有县城和大部分乡镇。

日益完善的物流体系和商贸体系为杂粮消费突破地域限制提供了可能，使杂粮市场进一步扩大，杂粮生产可以在更大的范围内实行规模化生产和区域化布局。杂粮种类多，消费者购买杂粮的批次多而量小，完善的物流和商贸体系为居民购买杂粮提供了方便。超市、集贸市场、便利店、网店等渠道都是居民日常购买杂粮的主要场所。杂粮自身的特点非常适合网上销售。杂粮耐贮存，运输过程中不容易腐烂变质，不容易破损，对仓储条件没有什么特别要求，电商物流业在农村服务、社区服务等薄弱环节的逐步完善，为杂粮的销售提供了更加广阔的渠道。

（三）充裕的社会资本为杂粮产业化经营各环节的发展提供了资金保障

1. 资金总量充足，且越来越关注农业

中国社会经过多年快速发展，社会资本总量非常充足，在第一轮的经济发展中，二、三产业是资本投入的重点区域。农业作为第一产业，是伴随二、三产业同时成长的，既有规模的增长，也有内在品质的提升。经过二、三产业熏陶的第一产业，从科研、生产、运输、仓储、加

工、销售、金融支持等各个环节都具备了独立运营能力，一、二、三产融合发展，更使得资本越来越关注农业。特别是考虑到当前整个社会投资缺乏动力和方向的背景下，中国农业成为很多资本瞩目的蓝海。

2. 资本的逐利性注定会关注杂粮产业

社会资本进入农业已经多年，早期投资于大宗粮食领域便可以带来较丰厚回报，随着主粮全世界范围内的供大于求和国内农业生产结构的调整，大宗粮食领域的获利能力可能下降，之前投入相对较少的杂粮产业将获得资本的青睐。

资本对杂粮领域的关注其实是迎合了市场的要求。中国经济发展，使得百姓的消费需求从数量型快速转变为质量型，杂粮在提供个性化需求、满足健康理念、提供粗膳食纤维方面都有明显的优势，社会资本在帮助杂粮满足消费升级的同时，也实现了自己的逐利本能。

3. 资本在杂粮领域的作用少受规模限制

与大宗粮食领域需要资本规模较大相比，杂粮产业天然性的适合各种规模类型的资本投入，大小资本在杂粮领域都有很好的获利空间。由于杂粮分布广泛，各区域、各品种之间的规模大小不等，且每个独立的区域产品产业化进程不一，这使得大小规模的社会资本都可以寻找很好的获利空间。比如从最简单的为杂粮产品进行分级包装就可以至少获利提升 10%。而大规模的资本则可以进入更大范围的杂粮生产和流通领域。

4. 地方性资本投入让杂粮产业和资本的结合更紧密

从资本的地域属性来观察，杂粮产业所吸收的资本大都出自杂粮产业所在区域。第一，杂粮规模小，区域性强，不是当地的社会资本很难注意到这个领域；第二，一旦投入到当地的杂粮产业领域，社会资本就会紧密的渗入到该产业的各个链条，支持产业的发展；第三，由于杂粮产业的分布多集中在相对落后地区，当地社会资本投入也缺乏良好的投资对象，而杂粮产业在当下是不错的选择，当地的资本没有理由会随意退出这个领域。资本和杂粮产业的结合具有地方性。

四、杂粮产业化经营存在的问题

从山东省杂粮生产现状看，杂粮产业有较重的自发和自然性质，尚未从产业化经营的高度统筹规划和积极引导和支持，杂粮产业化经营是农业产业化经营中一个较少被关注、较为薄弱的组成部分。农业产业化经营存在的所有问题在其中都存在，甚至更为突出。主要表现在杂粮产业化经营体系整体偏弱，各环节发展严重不均衡，特别是生产环节已严重不适应产业发展的需要。杂粮技术创新、杂粮生产、收购、流通、加工、销售等诸环节之间存在一定程度的脱节现象。

（一）产业化经营体系的形成和发展主要还是一种自发行为，缺少自觉和政府支持引导

由于政府尚未把杂粮纳入农业产业化经营的视野，尚未进行统筹规划，山东省产业化经营体系的形成和发展主要还是一种自发行为，缺少自觉和政府支持引导，尚未形成杂粮科研、良种良法推广和商品化生产、加工、营销一体的有效结合机制，杂粮技术创新、杂粮生产、流通之间存在脱节现象，加工和生产之间脱节现象还很严重。龙头企业数量少、规模小，深加工能力明显不足，没有大的产业带动力。龙头企业原料来自外省，缺少对当地生产的带动。杂粮产业发展各环节发展不均衡，相互之间脱节甚至严重脱节。杂粮加工业发展需要一定的生产规模水平为基础。有专家测算，种植面积在 14 万公顷以下的杂粮小品种则加工企业难以正常运转并盈利，达到一定规模的小米加工企业需要种植面积达到 28 万公顷以上的支撑（常晋生，2006）。山东省的杂粮生产规模远达不到这一要求。

（二）杂粮生产规模化经营尚未起步，分散的农户生产模式严重制约产业化经营的发展

如前所述，分散的农户是杂粮生产的主体。由于农户过于分散和规模小，带来以下弊端。一是农户只是生产初

级产品，完全没有与产业化经营其他环节形成利益结合机制并分享加工、流通环节的附加值。曾有专家测算，农产品产业链全程总利润，生产环节仅占 5%，而发达国家则近 50%（王新艳等，2008）。虽然近 10 年过去，这种状况并没有根本性改变。杂粮生产的利益格局也大致如此。二是过于分散的农户生产带来生产的盲目性。分散的农户缺乏有效的组织，难以按照市场需求组织生产，生产盲目性比较大，在杂粮产区还缺乏适宜的组织管理形式和信息来源，杂粮生产在很大程度上处于自发状态，农民生产信息主要来自于前一年市场价格，由此给杂粮生产带来不利影响。经常有货无商、有商无货，产量忽高忽低，价格忽上忽下，歉收抢购、丰年压价，“买难”“卖难”现象共存。三是产品质量难以管控。由于生产的农户极为分散，每户的商品量都很少，每户抽检成本太高太烦琐，地头收购市场难以完成。经地头收购市场集中成批量后，根本无法按照常规的抽样方法检测质量，这就导致杂粮品质难以管控。

（三）杂粮生产标准化建设滞后，已有的标准推行难度大

目前，国家对于杂粮的无公害产品、绿色食品、有机食品非常重视。无公害杂粮的产地认定和产品认证步步深入，产品种类不断增加。但是标准化的生产体系尚未建

立，杂粮生产中的土地、肥料、种子、农药、栽培管理技术都需要进行规范，由于农户生产的分散性，难以建立规范化且有可操作性的生产技术规程推广体系，难以对农户执行标准的情况进行监督，限制了市场营销，特别是出口。尚未重视杂粮产品营养成分的检测分析，农产品加工品质量标准体系不健全。

五、杂粮产业发展的基本路径

从农户这一杂粮生产环节经营主体看，由于其面广量大，拥有庞大的隐形市场，是城乡居民杂粮消费的重要供给，传统的农户生产模式仍然有其存在的价值，分散的农户作为杂粮生产的主体将长期存在，是杂粮产业发展不可或缺的重要力量。分散的农户当然也要发展，也要技术进步，但将其作为技术推广、政策支持的重点成本过高，可以通过规模化生产的示范带动其发展。传统的农户生产模式主要是“维持”，在满足自身消费、供给“隐形市场”的同时提供商品供给。

杂粮产业的发展则依赖于产业化发展。规模化经营、产业化经营、标准化生产是杂粮产业发展的基本路径。新型经营主体的规模化经营、杂粮消费走出主产区是杂粮产业发展的关键。科技创新是促进杂粮生产、流通及加工等全产业链各环节健康发展的重要支撑。

（一）政府是杂粮产业化经营的推进主体

政府是推进杂粮产业化经营的主体。政府应把杂粮生产纳入农业产业化经营视野，从产业化经营的高度统筹规划，提高杂粮产业化经营水平，推进区域化布局，规模化经营，标准化生产。政府主导产前，农户和新型经营主体按市场规律经营产中，政府对按市场规律运作的流通和加工环节给予必要支持。

政府应对当地的杂粮产业化经营进行统筹规划，抓住产业化经营链条中的薄弱环节，促进各环节协调发展，提升杂粮产业化经营整体水平。区域化布局是合理利用资源、实现规模化经营的基础。应根据土地资源对杂粮品种的适应情况、当地种植习惯和传统，进行杂粮生产和加工的合理布局，从宏观上保证杂粮生产资源配置的合理性。规模化经营是提升杂粮产业化经营水平的关键，只有规模化经营才能克服分散的农户生产模式的种种弊端，为杂粮生产的标准化、提高杂粮产品质量的可控性提供了基础和可能。

从对山东省杂粮生产业务主管部门的访谈、在山东省调研情况看，山东省杂粮产业化经营应立足于发挥资源和市场优势，加强统筹规划，协调推进杂粮产业化经营的各个环节，着力推进杂粮规模化经营、标准化生产，做到杂粮产业产量、质量和效益同时提高，实现稳粮增收调结构，提质增效转方式的总体目标。

区域化布局的重点是黄河三角洲地区。这一黄河冲积平原地区，土地辽阔，土壤有不同程度的盐碱化，适合大面积发展杂粮生产。集中布局高粱、谷子等杂粮。

（二）新型经营主体是杂粮规模化经营的经营主体

杂粮产业的发展则主要依靠杂粮规模化经营主体的发展。规模化经营主体指家庭农场、专业大户、合作社、农业企业等新型经营主体，但这里“规模”的界定与主粮生产有所不同。主粮生产上百亩方称得上“规模”，而杂粮比这少得多。根据本次调研情况，各种杂粮合计 5 亩以上的，在 204 样本中只有 7 户，除了示范、科研基地和企业生产基地外，超过 10 亩的没有。同时，考虑到杂粮生产的机械化比较困难，生产过程特别是采收过程机械化水平低，即使因其补充性、从属地位，农户投入不足，生产过程用工也远超过主粮生产。

在本研究中把单一品种超过 5 亩定义为规模化经营。

以良种良法推广、标准化生产的推行应该以新型经营主体为对象，提高规模化生产主体杂粮产品质量水平，并通过新型经营主体的示范和带动提高普通农户杂粮产品的质量水平提高农户杂粮生产的商品量和商品率。

（三）杂粮流通和加工企业是杂粮产业化经营的龙头企业

与通常意义上的农业产业化龙头主要是加工企业不同，杂粮产业化经营的龙头企业是流通企业和加工企业并存，流通企业的作用重于加工企业。杂粮消费市场以生产地初加工产品为主。这些初加工产品走出产区要依靠流通企业及其销售渠道。即从理论上看，生产地初加工对当地生产者而言处于龙头地位，是产业化经营的龙头企业。但在产业化经营背景下，对于规模化经营的新型经营主体而言，这种技术比较简单、投入较少的初加工自己就可以完成。这样拥有与消费市场联系、拥有销售渠道的流通企业才是真正的龙头企业。流通企业是杂粮消费走出主产区、进而带动当地杂粮生产发展的关键。但不是所有的规模化经营主体都从事加工环节的经营，分散的农户也需要加工企业，杂粮加工企业仍然具有一定的龙头地位和作用。所以也应当推进杂粮加工企业特别是深加工与当地规模化经营主体的合作，提高加工企业原料当地化的比重。根据对山东省杂粮加工企业的访谈，相当一部分杂粮加工的原料来自省外，原因是本省缺少保证原料质量的流通企业，这显然不利于带动本省杂粮生产的发展。

（四）社会资本有可能是杂粮生产垄断者和销售渠道垄断者

在传统的杂粮生产模式下，地头收购市场虽然有众多的小农户生产者，却不是一个完全竞争的市场，而是一个中间商垄断的市场，农户只能被动地接受价格。在杂粮产业进入规模经营、产业化经营的阶段，杂粮生产模式、流通模式、流通规模将发生根本性变化。杂粮消费走出主产区的渠道、流通体系都需要重新设计和打造，这不可能离不开社会资本的参与。但社会资本的参与可能会形成杂粮生产垄断和销售渠道垄断。

虽然杂粮适应性广，对土壤、气候条件要求低，但特定的土壤、气候条件会形成一些口感、风味独特的杂粮品种，这些特定品种具有天然的地域垄断性。这些特定品种适宜种植的区域有限，有可能以相对较少的资本就能垄断生产，而且可以加长土地租用期限等方式对新进资本进行排斥。虽然由于土地流转等方面的困难，社会资本不可能完全垄断适宜种植的土地，但只要其控制一定比例，达到一定规模，面对小规模的、分散的农户，仍然可以达到垄断的目的。对于长期和杂粮产业结合的资本来说，这是一块优质的获利资源，有很强的利益动机长期涉足与合作。而且由于杂粮产业的生产环节属于产业链中的核心要素，控制了生产就垄断了该产业的整个发展命脉，垄断带来的高收益会使资本投入更具有长期性和持续性。

杂粮流通领域更容易形成垄断，并且得到强化。在流通领域已经具备一定基础和实力的社会资本更容易进入杂粮流通领域。流通企业对杂粮产业化经营具有特别重要的龙头作用。由于生产者仓储设施不足，杂粮长期储存会导致口感、营养成分发生变化等原因，杂粮收购市场具有很强的季节性，进入特定区域的少数几个流通企业极有可能在一个收购季这样一个短期形成寡头垄断。这样的区域性寡头垄断在许多行业普遍存在。杂粮在产业化经营阶段出现流通企业控制价格的可能性很大。当然，流通企业也可能以建立生产基地的形式进入生产领域。这种情况下社会资本对杂粮产业的渗透更深，影响更深远。

发展农业产业化经营的重要目的，是促进农业向产后环节延伸，让农林渔生产者能够分享农产品加工、流通和消费环节的收益，而不是让现有的社会资本前向整合，吞噬和兼并农业。杂粮产业化经营也应如此。这就要求政府推动从事杂粮生产的新型经营主体和普通农户进行联合，以联合的力量应对社会资本对生产和流通市场的垄断。

专题一　杂粮生产

山东省位于中国东部沿海、黄河下游，北纬34°22.9′～38°24.01′、东经114°47.5′～122°42.3′之间。地理位置优越，境内中部山地突起，西南、西北低洼平坦，东部缓丘起伏，形成以山地丘陵为骨架、平原盆地交错环列其间的地形大势，山地约占全省总面积的15.5％，丘陵占13.2％，平原占55％，洼地占4.1％，湖沼平原占4.4％，其他占7.8％。

山东的气候属暖温带季风气候类型。降水集中，雨热同季。年平均气温11～14℃，全省光照资源充足，热量条件可满足农作物一年两作的需要。年平均降水量一般为550～950毫米，降水季节分布很不均衡，全年降水量有60％～70％集中于夏季，易形成涝灾，冬、春及晚秋易发生旱象，对农业生产影响最大。

优越的地理环境和适宜的气候条件为山东省农业生产提供了良好条件。山东省是农业大省，杂粮种植历史悠久，杂粮资源丰富，种类多，分布广，全省17地市均有种植，但主要集中于山区和丘陵地带。杂粮生产是山东省粮食生产的重要补充，是我国杂粮主产区之一。

一、山东省杂粮生产布局

山东省杂粮是指除了小麦、玉米、水稻、大豆和薯类大宗粮食作物以外的其他粮豆类作物，主要包括谷子、高粱、绿豆、红小豆等作物种类。其中谷子、高粱种植面积相对较大，主产区多集中种植，其他杂粮多为零星种植。

杂粮作物的共同特点是适宜播种期较长，生育期较短，抗旱耐贫瘠，既适宜于生产条件较差的山地、丘陵、旱薄地，也可以与大宗粮食作物间作套种。杂粮作物生长周期短，耐旱、耐贫瘠适应性强的特点与山东省复杂、多样地理和气候特点相符合，给山东省发展杂粮生产带来了巨大的发展空间。

（一）品种结构

山东省杂粮品种资源丰富，种类多，主要包括谷子、高粱、黍子、荞麦、燕麦、大麦以及绿豆、黑豆、红小豆、豇豆等几十个品种。其中谷子、高粱种植面积相对较大，各市几乎都有种植，且主产区多集中种植，其他杂粮作物多为地方种植，种植相对零星分散。

据统计，山东省 2014 年杂粮种植总面积 44.49 千公顷，各品种杂粮种植面积如图 1－1 所示。其中，谷子种植面积最大，为 18.8 千公顷，占杂粮种植总面积的

42.26%；绿豆种植面积为 7.3 千公顷，位居第二，占比 16.41%；高粱种植面积为 4.7 千公顷，处于第三位，占比 10.56%；红小豆种植面积为 1.5 千公顷，占比 3.37%；其他谷物占 4.05%，其他杂豆占 23.35%。

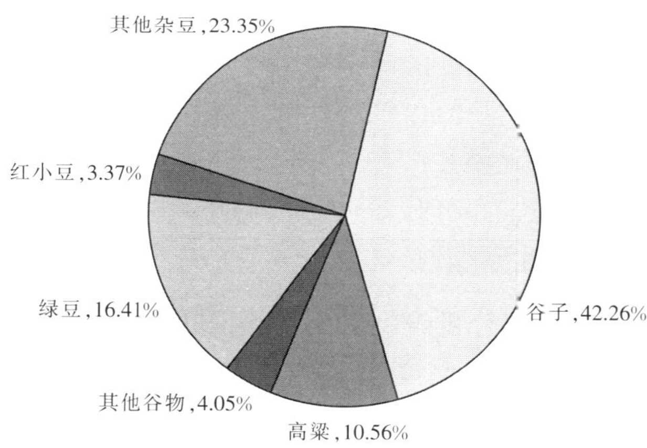

图 1－1　2014 年各杂粮作物种植面积所占比重

从产量分布看，如表 1－1 所示。2014 年，山东省杂粮总产量为 13.43 万吨，比 2013 年增加 1.2 万吨。其中，谷子总产量为 6 万吨，占杂粮总产量的近一半；绿豆总产量为 1.7 万吨，高粱总产量为 1.6 万吨。

表 1－1　山东省杂粮作物构成及占比

单位：千公顷，万吨

年份	2014 年				2013 年			
品种	面积	占比	产量	占比	面积	占比	产量	占比
谷子	18.8	42.26%	6	44.68%	18.6	43.10%	5.6	45.79%

（续）

年份	2014 年				2013 年			
品种	面积	占比	产量	占比	面积	占比	产量	占比
高粱	4.7	10.56%	1.6	11.91%	4.7	10.89%	1.5	12.26%
其他谷物	1.8	4.05%	0.8	5.96%	1.3	3.01%	0.5	4.09%
绿豆	7.3	16.41%	1.7	12.66%	7.2	16.68%	1.7	13.90%
红小豆	1.5	3.37%	0.4	2.98%	1.5	3.48%	0.3	2.45%
其他杂豆	10.39	23.35%	2.93	21.82%	9.86	22.85%	2.63	21.50%
杂粮类合计	44.49	100.00%	13.43	100.00%	43.16	100.00%	12.23	100.00%

数据来源：国家统计局。

山东省谷子分夏播和春播两种。其中以夏播为主，约占总播种面积的 2/3，春播面积占 1/3。谷子主要品种包括济谷 12、济谷 13、济谷 14、济谷 16、阴天旱、菠菜根、鲁谷 10、冀谷 19、冀谷 31 等。主要种植在鲁中山脉周边县及胶东半岛的鲁东丘陵区，主要包括济南市的章丘、平阴、长清、历城，临沂市的沂南、沂水、费县、平邑，泰安市的新泰、肥城，潍坊市的青州、临朐等山陵地及烟台市和青岛市部分县（市、区）的丘陵区。平原地区谷子面积较少，但也发展起了许多规模化的种植专业合作社或专业企业，如聊城市的冠县、茌平，菏泽市的牡丹区、成武，潍坊市的寒亭区等平原地区都建立了规模上千亩的合作社；济宁的金乡县依托历史名牌“金乡小米”，建立了以金乡圣丰谷源米业有限公司为龙头的多个谷子企业和合作社，生产规模不断扩大，目前已近 2 万亩。

高粱品种主要有鲁梁 3 号、抗 4、兴湘梁 2 号等。主要种植在济南市的章丘、历城，临沂市的沂南、苍山、平邑，潍坊市的青州、临朐等地，近几年东营的垦利、利津，滨州市的沾化等地种植高粱面积有所增加。

绿豆品种主要有中绿 1 号、鲁绿 2 号、预绿 4 号等。主要种植在济南市的章丘、平阴，淄博市的高青，东营市的主要广饶，临沂市的费县，聊城市的冠县，菏泽市的鄄城等地。

红小豆品种主要是冀红引 2 号。红小豆主要种植在菏泽市的鄄城、牡丹区，淄博市的沂源，济南市的平阴，烟台市的栖霞等地。

其他杂粮如黍子、豇豆、黑豆、芸豆等多为地方种植。

（二）区域分布

杂粮在山东省分布广泛，各地市均有种植，但集中度较高，从行政区划上看种植杂粮较大的地市主要有济南、临沂、淄博、潍坊、莱芜、济宁、东营、滨州等，如图1－2所示。从地形位置上杂粮种植规模较大的地区集中分布在山地、丘陵、盐碱地等土地质量较差的地区。

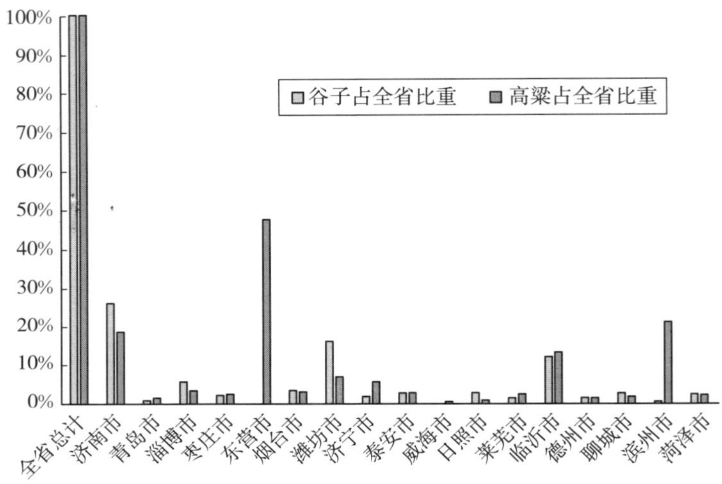

图 1-2　2014 年山东省主要杂粮的各地市分布情况

山东省杂粮生产在各地市都有分布的情况下，布局呈现相对集中态势，主要分布在鲁中南山丘区和胶东丘陵区以及盐碱地等土地质量较差的地带。这些地区杂粮生产面积在全省占较大的比重，占当地粮食生产面积也较大，其中济南市、潍坊、临沂三个地市谷子生产面积占全省的比重分别都超过了 10%以上，而东营、滨州、济南、临沂高粱生产面积居全省前四位。具体情况见表 1-2。各地区杂粮相对独立，有很强的地区特色。

表 1-2　2014 年山东省主要杂粮作物生产布局

地区	粮食面积（千公顷）	谷子面积（千公顷）	占粮食比重	占全省比重	高粱面积（千公顷）	占粮食比重	占全省比重
全省总计	7 440.033	18.800	0.25%	100.00%	4.733	0.06%	100.00%
济南市	443.933	4.904	1.10%	26.09%	0.880	0.20%	18.60%
青岛市	495.453	0.151	0.03%	0.80%	0.077	0.02%	1.63%
淄博市	230.967	1.069	0.46%	5.68%	0.164	0.07%	3.47%
枣庄市	264.400	0.389	0.15%	2.07%	0.117	0.04%	2.47%
东营市	145.370	0.067	0.05%	0.35%	2.252	1.55%	47.58%
烟台市	330.613	0.635	0.19%	3.38%	0.150	0.05%	3.16%
潍坊市	730.640	3.029	0.41%	16.11%	0.322	0.04%	6.80%
济宁市	652.633	0.360	0.06%	1.91%	0.272	0.04%	5.75%
泰安市	382.078	0.542	0.14%	2.88%	0.125	0.03%	2.65%
威海市	141.865				0.004	0.00%	0.09%
日照市	162.600	0.538	0.33%	2.86%	0.044	0.03%	0.93%
莱芜市	41.967	0.309	0.74%	1.64%	0.120	0.29%	2.55%
临沂市	683.387	2.232	0.33%	11.87%	0.625	0.09%	13.20%
德州市	850.373	0.269	0.03%	1.43%	0.069	0.01%	1.45%
聊城市	743.926	0.519	0.07%	2.76%	0.091	0.01%	1.93%
滨州市	443.833	0.105	0.02%	0.56%	1.004	0.23%	21.21%
菏泽市	987.274	0.466	0.05%	2.48%	0.103	0.01%	2.17%

数据来源：《山东省统计年鉴 2015》。

二、山东省杂粮生产特点

作为我国主要的杂粮生产地区之一，山东省杂粮生产经过长期的发展形成了一定的地域特色和优势，但当前杂粮生产仍以农户为主，杂粮种植分散，规模小，生产方式落后严重阻碍杂粮生产的进一步发展。山东省杂粮生产主要呈现出以下 4 个特点。

（一）杂粮生产处于从属地位

按照我国当前的粮食统计口径，粮食包括谷物、豆类、薯类三大类。谷物包括小麦、玉米、稻谷，豆类主要包括大豆和各类杂豆，薯类包括甘薯和马铃薯，不包括芋头、木薯等。芋头作为蔬菜统计，木薯作为其他作物统计。大中城市用作蔬菜的薯类按鲜薯计算产量。在统计粮食总产量时，按 5∶1 折算。

根据国家统计局数据，2014 年山东省粮食总面积 7 440.04千公顷，总产量 4 596.6 万吨，小麦、玉米、稻谷种植面积占粮食种植总面积的 94%，产量占粮食总产量的 94.7%。如图 1－3 和表 1－3 所示。

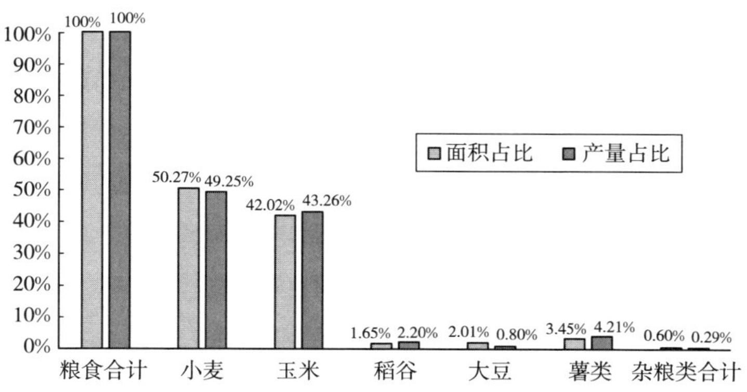

图 1－3　2014 年山东省粮食作物构成状况

数据来源：根据国家统计局数据计算所得。

表 1-3　山东省粮食作物面积、产量及所占比重

单位：千公顷，万吨

年份	2014 年				2013 年			
类别	面积	占比	产量	占比	面积	占比	产量	占比
粮食作物	7 440.04	100.00%	4 596.6	100.00%	7 294.58	100.00%	4 528.2	100.00%
谷物	7 014.44	94.28%	4 361.48	94.88%	6 881.65	94.34%	4 297.13	94.90%
小麦	3 740.23	50.27%	2 263.84	49.25%	3 673.27	50.36%	2 218.8	49.00%
玉米	3 126.47	42.02%	1 988.34	43.26%	3 060.71	41.96%	1 967.14	43.44%
稻谷	122.4	1.65%	101.01	2.20%	123.13	1.69%	103.63	2.29%
谷子	18.8	0.25%	6	0.13%	18.6	0.25%	5.6	0.12%
高粱	4.7	0.06%	1.6	0.03%	4.7	0.06%	1.5	0.03%
其他谷物	1.8	0.02%	0.8	0.02%	1.3	0.02%	0.5	0.01%
豆类	168.69	2.27%	41.73	0.91%	164.46	2.25%	40.43	0.89%
大豆	149.5	2.01%	36.7	0.80%	145.9	2.00%	35.8	0.79%
杂豆类	19.19	0.26%	5.03	0.11%	18.56	0.25%	4.63	0.10%
绿豆	7.3	0.10%	1.7	0.04%	7.2	0.10%	1.7	0.04%
红小豆	1.5	0.02%	0.4	0.01%	1.5	0.02%	0.3	0.01%
薯类	256.91	3.45%	193.39	4.21%	248.47	3.41%	190.64	4.21%
杂粮类合计	44.49	0.60%	13.43	0.29%	43.16	0.59%	12.23	0.27%

数据来源：国家统计局。

杂粮种植面积、产量分别只占粮食种植面积的0.6%、粮食总产量的0.29%。可见，山东省杂粮生产在粮食生产中处于从属地位。

（二）种植分散，生产规模小

山东省杂粮生产以农户生产为主，杂粮种植规模较小，多种植在山地、丘陵等土地较为贫瘠的地区，田边地头为主，机械化程度很低，人工成本高。这种小规模、分

散落后的小农生产方式，生产技术落后，成本较高，降低了杂粮的生产效益，以满足农户的自家消费为主要目的，商品率很低，不利于杂粮生产的扩大，严重阻碍了杂粮生产的发展。

（三）生产方式落后

当前山东省杂粮生产仍以分散的农户为主，规模化、机械化程度低，生产方式落后。杂粮的各主要生产环节仍以人工投入为主，以谷子为例，谷子的播种，采收等环节几乎完全人工，机械的使用率极低。分散的落后的小农生产方式严重阻碍了生产规模的扩大，生产效率极低。

（四）区域特色明显

山东省杂粮生产分布广泛但主产区相对集中，经过长期的发展杂粮主要品种形成了一定的地区特色，产生了许多名、特、优品种，如章丘龙山小米、淄川黑黏谷、金乡金谷等已经成为知名产品，受到消费者的广泛认可。

三、问卷调查与统计描述

（一）调查对象

依据政府有关部门官方数据及查阅相关资料，在对山东省杂粮主要生产地区充分了解的基础上，2016 年 6 月上旬选择杂粮主产区济南章丘进行了预调研并根据预调研的实际情况对调研问卷进行调整和完善。在充分预调研的基础上，2016 年 6—11 月调研组在杂粮生产较为集中的地区，章丘、利津、淄川、博山、周村、长清 6 个县市区展开调研，首先，每个县市区根据当地农业部门的指导选取杂粮种植较为集中的乡镇并选择当地具有代表性的 2 个行政村，然后，每个村子随机抽取杂粮种植农户进行入户问卷调查。6 个县市区共取得 240 份问卷，其中 36 份问卷不符合要求，实际有效农户问卷 204 份。并对杂粮种植合作社，杂粮规模化生产基地，杂粮加工企业，杂粮市场等进行访谈，了解有关情况，共获得杂粮合作社问卷 2 份，杂粮加工企业问卷 2 份。

（二）调查区域

1. 按行政区划划分

调查样本农户分布在山东省 6 个县市区 12 个行政村。如图 1-4 和表 1-4 所示。本次调研共完成 240 份“山东省杂粮产业体系农户数据调查表”问卷，经过筛选有 36 份不合格问卷，实际有效问卷 204 份。样本选取的地区分别具有较强的代表性，济南、东营、临沂、淄博等地分别是山东杂粮生产的主要地市，选择的各个县区和乡镇也是在预调研的基础上经过认真筛选，具有较强的代表性。

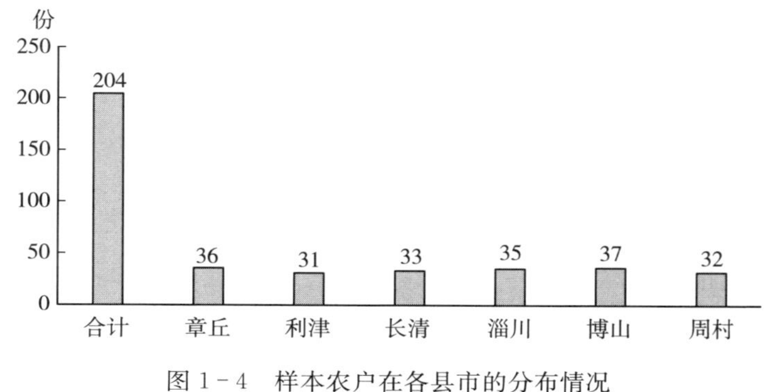

图 1-4　样本农户在各县市的分布情况

表 1-4　样本农户在各县市分布及所占的比重

项目	章丘	利津	长清	淄川	博山	周村	合计
样本量（份）	36	31	33	35	37	32	204
比重（%）	17.65	15.20	16.18	17.16	18.14	15.69	100

2. 按自然地貌划分

样本调研农户所处的地理环境以山区和丘陵占较大的比重，平原占的比重较小。这既与杂粮作物生长耐贫瘠的自然特点相适应，又有现实中农户自身行为选择有关。在204份有效问卷中，农户来自丘陵的占比重20%，山区的占比重68%，平原占比重12%。如图1-5所示。这与山东省杂粮种植地区的地形区域基本符合。

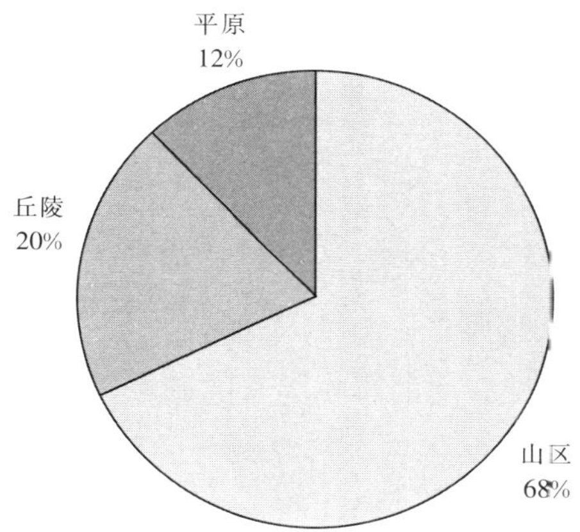

图 1-5　各地形条件下样本农户所占的比重

（三）调查内容

为充分了解山东省杂粮生产的基本情况，此次调研主要内容包括：农户的基本情况、杂粮生产的基本情况、杂粮收益的情况以及杂粮种植意愿的影响因素等部分。

农户的基本情况包括户主性别、年龄、文化程度、家庭务农人数、耕地总面积、自有土地面积、租入土地面积、灌溉条件、农业收入、非农业收入等方面。

杂粮生产情况包括杂粮的品种，种子、化肥、农药等主要生产资料成本，考虑到农户杂粮生产机械化使用程度低、劳动投入大是影响杂粮生产的因素，此次调查将农户杂粮生产各环节耕地、施肥、打药、灌溉、采收、脱粒的人工和机械使用成本情况进行了重点调研，既调查了成本也反映了农户杂粮生产各环节的机械化使用情况。

杂粮的收益部分包括杂粮生产面积、产量、销售渠道、销售量、自家消费量等。

杂粮种植意愿的影响因素部分是此次调研的核心部分，对杂粮种植意愿的影响因素的调查贯穿调研问卷的始终。从杂粮生产农户基本情况部分的农户的性别、年龄、耕地面积、灌溉条件、农业收入、非农业收入，到杂粮生产资料成本及各个生产环节机械和人工使用情况及成本，以及杂粮销售渠道等一直到最后部分访谈类问题包括种植杂粮的目的、影响杂粮生产的主要因素、未来对杂粮种植的意愿等都做了相应的设计。

（四）调查结果的描述统计分析

1. 杂粮收入占农户家庭收入的比重低

农户生产杂粮的收入占家庭收入的比重很低，如表1－5所示。大部分农户生产杂粮以自家消费为主要目的，以出售为主要目的的农户数量很少。杂粮收入占农业收入的比重低，占家庭收入的比重更低。这主要是由于在许多农户家庭，农业收入占农民收入的比重在不断地降低，工资收入成为农民收入的主要来源。

表 1-5　样本农户杂粮收入占比情况

项目	农业收入	非农业收入	杂粮收入	总收入
平均数（元）	2 717	24 688	813	28 218
占比（%）	9.63	87.49	2.88	100.00

数据来源：调查问卷。

2. 农户杂粮种植规模小，占可耕地的比重低

调查显示，杂粮多种植在山坡，田边地脚，房前屋后。杂粮种植面积占可耕地面积的比重很小。204 户样本农户拥有可耕地总面积 1 703.6 亩，户均耕地面积 8.35 亩。其中，杂粮种植总面积 331.4 亩，占耕地总面积的 19.5%，户均杂粮种植面积为 1.62 亩。89.33%的农户杂粮种植面积低于可耕地的 50%。但也有 10.67%的杂粮农户种植面积超过可耕地面积的 50%。农户具体种植规模如图 1-6 所示。

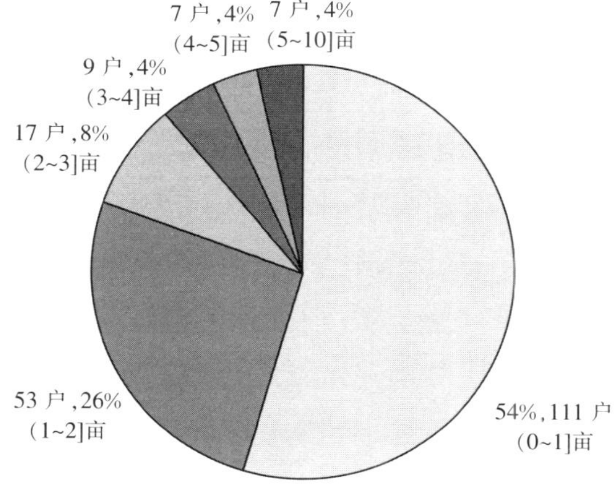

图 1-6　样本农户杂粮种植规模占比情况

3. 杂粮生产机械化程度低，人工成本高

农户杂粮生产方式较为落后，各生产环节的机械化使用程度低。通常情况下，农户从事杂粮生产不计自身劳动成本投入。调查发现，种植规模越小，种植越分散，机械化的使用程度就越低。

一方面，由于农户杂粮多种植在山坡地、丘陵、田边地头，以及套种、而且种植分散不便于机械化的作业；另一方面，由于分散的小农生产模式，不利于杂粮生产的扩大，难以形成杂粮生产格局，导致杂粮生产的市场服务体系不完善，市场上没有专门用于杂粮生产的机械。

杂粮的播种、施肥、打药、收获等环节基本还是人工作业，据测算，谷子、高粱、绿豆和红小豆的人工成本占生产成本的平均比重为76.5%，远远高于玉米和小麦所占比重的53.0%的水平，具体情况见表1-6所示。小农生产模式使杂粮生产陷入恶性循环，导致杂粮产业难以发展。

表1-6　杂粮生产机械、人工占生产成本的比重

作物	生产成本（元）	人工成本（元）	占比（%）	机械成本（元）	占比（%）
谷子	910.70	760.00	83.45	17.80	1.95
高粱	805.70	624.00	77.45	30.60	3.80
绿豆	774.58	552.00	71.26	50.00	6.46
红小豆	769.60	568.00	73.80	47.00	6.11
玉米	807.50	464.00	57.46	110.00	13.62
小麦	789.42	384.00	48.64	154.00	19.51

数据来源：课题组调查问卷整理。

四、成本效益分析

通过对204个杂粮样本农户的生产成本和效益进行分析发现，一方面，杂粮作物多种植在山区、盐碱地以及与棉花套种，生产方式落后，技术水平低，田间管理粗放，导致杂粮产量水平较低，效益不高。但另一方面，农户杂粮生产物质与服务费投入少、以人工投入为主，在不计家庭用工成本的情况下，在山区、丘陵等地形复杂的地区生产杂粮是对当地剩余劳动力以及土地的充分利用，仍具有较高的现金收益优势。

通过表1-7可以得出，谷子、高粱、绿豆和红小豆四种杂粮生产总成本平均为940元/亩，玉米和小麦亩均生产总成本平均为998元，相差不大。

但生产成本的构成存在很大差异。亩均杂粮生产的物质和服务费用，包括种子、化肥、农药和机械投入等平均约为189元，而亩均玉米和小麦的物质和服务费用投入为374元，几乎是杂粮投入的2倍。

亩均杂粮生产的人工费用平均为626元，机械作业费平均为36元，其中谷子的机械投入最低，仅为17.8元；亩均玉米和小麦生产的人工费用平均为424元，机械作业投入平均为132元。杂粮生产的人工费用投入约是玉米和小麦的1.5倍，而其机械投入费用不足玉米和小麦的 30%。

杂粮机械投入低，人工投入高的传统小农生产方式，难以形成生产规模，不利于机械化的推广和使用及集约化的管理，难以降低成本和提高产出，使杂粮生产局限于山地丘陵等耕地质量降低的地区，难以形成有利于杂粮产业发展的生产格局。

表 1－7　主粮和杂粮作物成本效益比较

单位：亩，斤*，元

作物	谷子	高粱	绿豆	红小豆	玉米	小麦
一、产值	1 430.00	400.00	606.73	638.40	736.95	840.00
亩产	550.00	400.00	135.43	168.00	867.00	800.00
均价	2.60	1.00	4.48	3.80	0.85	1.05
二、总成本	1 020.70	955.70	894.58	889.60	1 007.50	989.42
(一) 生产成本	910.70	805.70	774.58	769.60	807.50	789.42
1. 物质与服务费	150.70	181.70	222.58	201.60	343.50	405.42
① 种子	10.30	12.30	26.58	21.00	67.00	53.00
② 化肥	78.50	123.20	132.50	123.30	147.00	178.00
③自家农家肥	30.50					
④农药	13.60	15.60	13.50	10.30	19.50	20.42
⑤ 机械作业	17.80	30.60	50.00	47.00	110.00	154.00
2. 人工成本	760.00	624.00	552.00	568.00	464.00	384.00
总用工（日）	9.50	7.80	6.90	7.10	5.80	4.80

* 斤为非法定计量单位，1 斤＝500 克。——编者注

（续）

作物	谷子	高粱	绿豆	红小豆	玉米	小麦
⑥家庭用工折价	760.00	624.00	552.00	568.00	464.00	384.00
⑦雇工费用						
（二）土地成本	110.00	150.00	120.00	120.00	200.00	200.00
⑧流转地租金						
⑨自营地折租	110.00	150.00	120.00	120.00	200.00	200.00
三、净利润	409.30	−555.70	−287.85	−251.20	−270.55	−149.42
现金成本	150.70	181.70	222.58	201.60	343.50	405.42
现金收益	1 279.30	218.30	384.15	436.80	393.45	434.58

注：现金成本＝产值－物质与服务费－⑦－⑧，用工价格按 80 元/日计算。
数据来源：课题组调查问卷整理。

（一）单产水平低，产值不高

据国家统计年鉴数据显示，山东省谷子单产基本稳定在 400 斤/亩左右，高粱单产也基本稳定在 440 斤/亩上下，如表 1－8 所示。在杂粮生产地区调研发现，杂粮种植地区多为山地、丘陵土地贫瘠的地区，耕地质量较差是杂粮单产水平较低的一个重要原因，另一方面，农户杂粮生产缺少良种，大多数杂粮生产农户使用自留种，导致杂粮品种退化严重，单产水平较低。

表 1-8 近 10 年山东省粮食作物单产情况

单位：斤/亩

年份	粮食单产	小麦单产	玉米单产	谷子单产	高粱单产
2005	778.22	732.22	847.13	495.99	471.32
2006	779.71	754.64	820.00	409.27	448.80
2007	797.48	756.10	848.56	409.52	434.82
2008	816.70	769.39	875.56	398.15	447.15
2009	818.63	769.98	878.20	401.90	425.45
2010	815.96	770.61	871.69	407.22	408.43
2011	825.90	780.63	880.62	436.21	450.25
2012	835.17	801.46	881.14	419.29	438.89
2013	827.69	805.39	856.95	402.87	425.68
2014	823.76	807.03	847.96	423.22	442.16

数据来源：国家统计局。

通过当地 204 户农户的问卷调查显示，虽然杂粮单价普遍比玉米、小麦等主粮作物高，但其单产水平相较于小麦、玉米差距较大。204 农户生产谷子、高粱、绿豆、红小豆、玉米、小麦的平均亩产分别是 550 斤、400 斤、135 斤、168 斤、867 斤和 800 斤，亩产比为 5.5∶4.0∶1.35∶1.68∶8.67∶8；若按当地 2014 年各种农作物的平均售价计算，谷子、高粱、绿豆、红小豆、玉米、小麦的亩均产值分别为 1 430 元、400 元、607 元、638 元、737 元和 840 元。可以看出，除谷子外杂粮作物的产值普遍低于玉米和小麦的产值。其中，谷子的亩均产值最高，其次是小麦，而高粱的产值最低，绿豆和红小豆产值差不多大。这主要是因为高粱仅仅是小麦产量的一半，但价格却还略低于小麦；绿豆和红小豆虽然价格较高，但是产量却极低，导致杂粮亩均产值普遍低于主粮，详见表1-7。

在市场价格一定的前提下，杂粮单产水平长期得不到提高，相比之下，玉米、小麦的单产水平提高较快。杂粮单产低，价格优势不明显，导致杂粮的亩产值与小麦玉米相比失去优势。因此，加强杂粮的科研育种和推广，提高杂粮单产水平有巨大的挖掘潜力，可以作为当前提高农户杂粮种植积极性的重要突破口，对走出杂粮生产积极性不高，种植规模小、效益低的怪圈具有重要意义。

（二）物质与服务费用投入少

种子、化肥、农药、机械作业等物质与服务投入低有效降低了杂粮生产的现金成本，谷子、高粱、绿豆、红小豆、玉米和小麦的物质与服务费用占各自总成本的比重分别为14.76%、19.01%、24.88%、22.66%、34.09%和40.98%。同时，由于农户杂粮种植较为分散、地形复杂，杂粮生产机械化水平很低，杂粮生产仍然主要依靠大量的人工投入，属于劳动密集型产业。如表1-9所示，谷子、高粱、绿豆、红小豆人工成本占其各自总成本的比重分别为74.46%、65.29%、61.70%、63.85%，远远高于玉米、小麦的46.05%和38.81%。

随着人工成本的不断提高，杂粮生产区域渐渐从经济较发达的平原地区退缩到经济欠发达的山区、丘陵地区。经济较发达的平原地区，农业收入占总收入的比重低，工资收入成为农户的主要收入，杂粮较高的人工成本，在当地逐渐失去了种植优势；而贫困山区经济欠发达，留守在当地的农户以中老年为主，农业收入仍是当地农户的主要收入来源，农户从事农业生产不计自身的劳动成本，杂粮作物相比较其他作物更能适应当地的自然地理环境，在当地种植杂粮既可以提高土地的利用率，又可以提高农民的收入。

表 1-9　杂粮作物各成本占比

作物	谷子	高粱	绿豆	红小豆	玉米	小麦
总成本（元）	1 020.7	955.7	894.58	889.6	1 007.5	989.42
（一）生产成本（元）	910.7	805.7	774.58	769.6	807.5	789.42
1. 物质与服务费（元）	150.7	181.7	222.58	201.6	343.5	405.42
所占比重（%）	14.76	19.01	24.88	22.66	34.09	40.98
2. 人工成本（元）	760	624	552	568	464	384
所占比重（%）	74.46	65.29	61.70	63.85	46.05	38.81
（二）土地成本（元）	110.00	150.00	120.00	120.00	200.00	200.00
所占比重（%）	10.78	15.70	13.41	13.49	19.85	20.21

数据来源：课题组调查问卷整理。

（三）现金收益较高

受杂粮单产低及人工成本高等因素影响，若按全成本计算，除谷子以外，农户生产杂粮所获利润均为负值。若不计人工成本，在当前杂粮主要产区，仍具有现金收益上的优势，据测算，谷子的现金收益最高，为 1 279.30 元。这是因为谷子产值较高，种子、化肥、农药、机械等物质与服务费用投入较低。而玉米和小麦的物质与服务费用较高，使其现金收益相对较低。

因此，利用山地、丘陵以及平原地带的田间地头发展杂粮生产具有一定的地域优势和意义。通过对杂粮地区的成本效益调查分析发现在杂粮生产地区，以山地丘陵居多，留守当地的农户以中老年为主，以农业收入为主要来源，农户生产不计自身劳动力，杂粮作物是适应当地自然地理环境的优势作物，农户在山地、丘陵、田边地角种植杂粮对于提高当地的土地以及劳动力的使用率，增加农民的收入具有重要意义。

但是，这种在山地丘陵等进行的杂粮生产只能满足以农户自家消费为主的生产和消费结构模式，难以适应不断增长的大众化多元化的市场需求。若杂粮生产区域一直被限制在山地丘陵等分散地域，不利于杂粮生产采取规模化，集约化的现代生产模式，难以形成杂粮产业化的发展需要的规模生产格局，就很难实现杂粮的商品化和市场化生产，更谈不上杂粮的产业化发展啦。当然，反过来，若没有杂粮的商品化和市场化的引领和带动，杂粮也无法实现规模化和产业化。

五、农户杂粮种植意愿

农户是农村社会最基本的经济实体单位，是我国粮食生产的主体，也是杂粮生产的主体。在市场经济条件下，农户的生产行为实际上是农户的一种投资行为，农户利用自己拥有的生产资料在自己可利用的土地上进行生产经营活动，追求利益的最大化。在当前农户仍是山东省杂粮的主要生产主体的情况下，研究农户的杂粮生产意愿和行为选择对分析山东省杂粮生产现状、问题和发展趋势，以及深刻揭示山东省杂粮生产的主要影响因素，未来一定时期内杂粮生产的发展都具有重要意义。

（一）数据来源与样本选择

根据山东省官方数据，在了解山东省杂粮主要产区的基础上，2016 年 6—11 月份，课题组首先在全省范围内选取 6 个杂粮生产较为典型的县市，然后，结合当地农业部门的建议，在每个县选取当地杂粮生产较为集中的两个行政村，最后，通过随机抽样方法，在每个村选取 20 个农户进行入户问卷调查，共获得问卷 240 份。经过筛选，获得有效问卷 204 份。

（二）调查内容

农户杂粮生产问卷以获取农户杂粮生产的基本情况为目的，包括4大部分：

第一部分为农户的基本信息。内容包括户主年龄、性别，文化程度、务农劳动力人数、耕地面积、农业收入、非农业收入等农户特征。

第二部分为杂粮生产信息部分。内容包括种植品种、面积、各生产资料成本，各生产环节投入成本等反应农户杂粮生产成本情况。

第三部分为杂粮收入信息部分。内容主要包括杂粮产量、销售价格、出售数量、销售渠道、自留数量等反应杂粮收入情况信息。

第四部分为访谈类问题。主要围绕杂粮生产农户种植杂粮目的，杂粮生产面临的问题，杂粮消费等情况以及杂粮未来种植意愿等设计访谈内容。

（三）农户种植杂粮意愿的统计描述

1. 种植目的以自家消费为主，随着种植规模的扩大，销售目的越强

农户种植杂粮的主要目的有两个：一是满足自家消费的需要，二是用于出售增加家庭收入。农户种植的规模越小，种植越分散，满足自家消费的意愿越强；而随着种植

规模的扩大，以出售为目的的意愿越强。从表 1-10 可以看出，杂粮种植面积介入 0～1 亩时，平均商品率仅为 25%，随着种植面积的增加，商品率也逐渐提高，当农户杂粮种植面积达到 5～10 亩时，商品率高达 83%。

表 1-10　不同杂粮生产规模农户与销售意愿

单位：斤

户均规模（亩）	户数	杂粮总产量	杂粮销售量	自家留用	商品率（%）
[0～1]	111	15 320	3 830	11 490	25
[1～3]	57	42 530	14 885	27 645	35
[3～5]	23	24 350	14 610	9 740	60
[5～10]	13	17 985	14 927	3 058	83

数据来源：课题组调查问卷整理。

2. 随着规模的扩大，农户投入意愿越大，管理越精细

以自家消费为主要目的杂粮种植农户，管理粗放，资金投入较少，种子一般使用自留种，更多使用农家肥，生产倾向于“人种天收”。而随着规模的扩大，农户销售目的越强烈，投入资金越多，种子、化肥投入增加，经营管理越加精细和集约。如表 1-11 所示，农户谷子种植面积为 0～1 亩时，生产资料和机械服务投入费用仅为 57.0 元/亩，而谷子种植面积为 3～5 亩的农户，其生产资料和机械服务投入大大增加，达到 205.8 元/亩，几乎是前者的 4 倍。

这充分说明，杂粮种植规模小的农户根本不重视和追求产量，也缺乏对杂粮经济利益的考量，只是被动采取传统种植方式，尽可能满足自给自足，这样的生产方式和生产规模难以满足对杂粮的社会化的需求，只有充分鼓励杂粮规模化生产，杂粮商品化率和市场效益显著时，才有可能改善农户的杂粮种植意愿。

表 1-11　不同规模谷子生产农户平均每亩生产资料投入

单位：元

谷子规模	种子	化肥	农药	机械作业费	合计
(0～1]	7.50	31.20	5.30	13.00	57.00
(1～3]	12.00	62.30	12.70	18.50	105.50
(3～5]	20.80	120.00	15.00	50.00	205.80

数据来源：课题组调查问卷整理。

3. 农户除了担心农业生产自然灾害外，最担心杂粮销售

在实地调研过程中发现，农户对杂粮生产过程中自然灾害的发生都表示出担忧。农业生产需要良好的自然条件，杂粮生产同其他主粮作物小麦、玉米等相比对旱涝，大风等自然灾害的抵御能力相对较低，一方面，因为农户杂粮种植多在山坡、丘陵，灌溉等农业基础设施较差的耕地上，管理粗放，“靠天吃饭”，这就使得杂粮生长环境先天不足，如果在杂粮生长过程中遭遇自然灾害将会给杂粮生产带来严重损失。另一方面，杂粮良种技术研究和推广

不足，抗倒伏和抗干旱的品种少。以谷子为例，如果在谷穗将要收获的关键时节遭遇大风、冰雹等极端天气将会给谷子的生产带来严重的损害甚至绝产。

调查显示，除了自然灾害以外，农户对杂粮销售表示极大关注，在204份问卷中，95个农户表示，杂粮的销售渠道会影响杂粮的种植意愿，约占调查农户总数的46%。这一结果表明，分散式的小规模杂粮生产模式，会加重杂粮市场信息的不对称，加大农户杂粮生产的风险，这也会影响到农户扩大杂粮生产规模的意愿。

另外，农户对杂粮生产的机械化水平和是否有政府补贴也表现出较高的关注，分别约占所调查农户总数的29%和20%（表1-12）。

表1-12　杂粮种植农户最希望解决的主要问题

项目	良种	机械化水平	政府补贴	销售渠道	合计
数量（份）	10	59	40	95	204
占比（%）	5	29	20	46	100

数据来源：课题组调查问卷整理。

从农户对杂粮销售渠道的关注程度可以看出，追求经济效益是农户进行农业生产的主要目的。在自然环境较差的山区、丘陵地区生产杂粮，是当地农户根据自身所处环境可能做出的最优选择。但是这种分散的农户生产模式导致杂粮生产存在市场信息不对称，销售渠道窄，成本增加等问题，加大了农户杂粮生产的风险，降低了农户扩大杂粮生产的意愿，从而也限制了杂粮产业化的发展。

因此，针对当前以农户为主的杂粮生产模式存在的问题，应加大对杂粮主要生产的地区政策扶持，提高科研育种、推广的力度，鼓励规模化、机械化、集约化的生产和管理模式，促进杂粮的深加工，挖掘市场潜力，促进杂粮产业化发展。

（四）农户杂粮生产意愿影响因素的计量分析

根据前面所述，以农户杂粮生产规模占可耕地规模比重的大小作为衡量农户生产杂粮意愿的指标，其他因素作为影响因素指标。

1. 理论假设

假设1：生产区位优势越明显，农户杂粮生产意愿越强

区位优势是指在一定的地域范围内发展某种生产或者产业与其他区域相比具有相对优势。区位优势是一个综合概念，包括自然资源、地理位置，社会、经济、科技、管理等方面的条件。杂粮生产作为农业生产的重要组成部分，具有农业生产的基本特性。

杂粮生产首先必须有适合杂粮生产的自然环境包括土壤、水分、光照等自然条件；其次，还要有适宜的人文环境优势等如当地杂粮种植历史悠久，当地农户有种植杂粮的习惯等。因此，当地有种植杂粮的区位优势时，农户愿

意从事杂粮生产的意愿越强烈。模型中利用地形指标来表示区位条件。

假设 2：市场环境越优越，农户种植杂粮的意愿就越强

农户生产杂粮的根本目的是为了获取经济利益，农户生产的杂粮最终要通过市场出售实现其经济效益。杂粮市场需求持续稳定增长，杂粮的销售渠道通畅，市场价格的基本稳定，以及充分完全的市场信息，对于增强农户杂粮的意愿，扩大杂粮生产具有重要的意义。模型中利用市场销售的难易程度和市场价格指标来表示市场环境。

假设 3：杂粮生产的成本越低，效益越高，农户从事杂粮生产的意愿越大

农户扩大杂粮生产是以出售为目的，为获取最大的经济利益。在市场价格基本稳定的前提下，农户追求以最低的投入，获得最大的产出，也就是销售额与成本的最大差额。因此，模型分析选取亩均成本和销售价格作为衡量指标。

2. 模型构建

鉴于在山东省，与高粱、绿豆和红小豆等其他杂粮种植相比，谷子种植面积较大，也较为普遍，数据收集也相对完善。在所调查的 204 个杂粮生产农户的有效问卷中，谷子种植农户共计 155 个。根据初步估计，若将其他杂粮一起计入模型估计，由于其他杂粮样本很少，对模型估计

的显著性检验影响不大，而且有可能影响模型的稳定性。因此，本书拟仅以谷子种植为例，构建计量经济学模型，研究山东省农户杂粮的种植意愿及其主要影响因素。

（1）变量选取及含义。利用谷子种植意愿作为模型的被解释变量，并将谷子种植意愿定义为：

谷子种植意愿＝谷子种植面积/总耕地面积

模型解释变量包括户主基本特征、家庭劳动力人数、亩产量、亩均生产成本、灌溉条件、地形、农业收入占家庭总收入比例、谷子商品化率和销售价格等变量。其中，户主基本特征包括性别、年龄和户主受教育程度，谷子商品化率定义为农户谷子销售数量与总产量之比，销售价格是指生产农户谷子销售的价格。在模型中，一些变量采取虚拟变量形式：

性别：男＝1；女＝2。

受教育程度：1＝未上学；2＝小学；3＝初中；4＝高中或中专；5＝大专以上。

灌溉条件：1＝旱田，2＝水浇地。

地形：1＝平原，2＝丘陵，3＝山地。

（2）样本农户数据统计性分析。在对农户谷子种植意愿的影响因素进行分析之前，首先对样本数据的统计特征进行分析，如表 1－13 所示。可见具有以下基本特征：

1）我们所调研的地区，都是山东省谷子生产的优势产区，农户种植谷子的意愿相对较高，平均达到 0.45。

2）谷子种植农户的户主年龄普遍较高，平均为58.93岁，最小值为32岁，最高年龄达到80岁。

3）谷子种植农户的户主受教育程度相对较低，基本以小学和初中为主。

4）农户从事农业生产的平均劳动力人数为1.97，基本以夫妻二人为主。

5）不同农户之间的谷子单产差异较大，最高可以达到757斤/亩，最低仅为100斤/亩，平均产量为453.37斤/亩。

6）谷子种植的地形基本以山地和丘陵为主，水源条件普遍较差，谷子种植农户缺乏灌溉设施，大多数农户靠天吃饭。

7）所调查的样本中，农户的收入基本以农业生产为主，农业收入占家庭总收入的比例平均可达69%。

8）商品化率是衡量一商品市场化程度的重要指标，在调查的样本中，相当比例的农户种植谷子以自己消费为目的，但谷子平均的商品率达到了61%，说明农户种植谷子在满足自己消费需求的同时，市场化程度也相对较高。

表1-13　样本农户数据的统计性描述

变量	样本数	均值	标准误	最小值	最大值
种植意愿	155	0.45	0.26	0	1
性别	155	1.23	0.42	1	2

（续）

变量	样本数	均值	标准误	最小值	最大值
年龄	155	58.93	10.03	32	80
受教育程度	155	2.46	1.05	1	5
劳动力数量	155	1.97	0.67	1	5
亩产量	155	453.37	156.76	100	757
亩均成本	155	258.43	243.15	19	1 300
灌溉条件	155	1.03	0.18	1	2
地形	155	2.83	0.44	1	3
农业收入比	155	0.69	0.38	0.02	1
商品化率	155	0.61	0.37	0	1
销售价格	155	3.72	1.83	1.7	8

数据来源：课题组调查问卷整理。

（3）模型形式和估计。鉴于农户杂粮种植意愿介于0～1之间，本书将采用Tobit模型对山东省谷子生产农户种植意愿的影响因素进行分析。建立回归模型形式如下：

$$y_i = \beta_0 + \beta_1 x_1 + \beta_2 x_2 + \beta_3 x_3 + \beta_4 x_4 + \beta_5 x_5 + \beta_6 x_6 + \beta_7 x_7 + \beta_8 x_8 + \beta_9 x_9 + \beta_{10} x_{10} + \beta_{11} x_{11} + \varepsilon_i$$

其中，$i = 1,2,3\cdots,n$，$\varepsilon_i / x_i \sim N(0,\sigma^2)$，$y_i$ 被解释为变量，代表农户谷子种植意愿；解释变量分别为 x_1 性别、x_2 年龄、x_3 受教育程度、x_4 劳动力人数、x_5 亩产量、x_6 亩均成本、x_7 灌溉条件、x_8 地形状况、x_9 农业收入占农户家庭总收入比例、x_{10} 商品化率和 x_{11} 销售价格。

为了检验回归结果的稳定性，本研究同时对农户杂粮种植意愿采取 OLS 方法回归和 Tobit 方法进行回归，模型回归结果如表 1－14 所示。其中模型 1 为 OLS 方法，模型 2 为 Tobit 方法。

（4）结果讨论。从模型估计结果看，整体而言，模型 1 和模型 2 的估计值相差不大，并且在变量显著性方面采用两种回归方法没有产生显著变化，Tobit 模型的估计结果较为稳健。

在户主基本特征对农户杂粮种植意愿的影响方面，模型估计结果显示，女性户主家庭谷子平均种植意愿略低于男性户主家庭谷子的平均种植意愿，但其系数并不显著，说明性别对农户谷子的种植意愿影响不明显。户主年龄每增加一岁，农户种植谷子的意愿就提高 0.2%，考虑到所调查样本中户主的平均年龄达到 58.93 岁，可见，户主年龄较大的农户谷子种植意愿较强，这与目前我国农业从业人员以中老年人为主相符合，但其系数检验并未通过显著性检验。受教育程度对农户谷子种植意愿影响不显著，但随着受教育程度的增加，农户谷子的种植意愿越低，因为受教育程度较高的农户更倾向于种植经济效益更高的经济作物或者外出务工。

劳动力丰富的农户种植谷子的意愿却要更低，说明谷子的种植对劳动力的需要较低。

有水源灌溉的农户，谷子种植的意愿要高于无水源灌溉的地区的农户，说明水源是制约谷子种植的重要因素，但这一影响并不显著。

农业收入比例越高的农户，杂粮种植意愿越低，目前农民的农业收入主要来源于主粮经济作物的生产，谷子等杂粮的种植占农业经营中的一小部分。

但上述变量的估计系数都未通过显著性检验，而谷子亩产量、亩均生产成本、地形条件、商品化率和销售价格等变量都通过了显著性检验，其中，亩产量的系数在5%的显著性水平下通过了显著性检验，其余变量系数都在1%的显著性水平上通过显著性检验。

从模型估计结果来看，亩产量越高的农户其谷子的种植意愿反而越低，但是影响微乎其微。这看似不符合经济常识，但造成这一现象的原因可能在于，谷子生产容易受制于地形和农户拥有土地规模的限制。调查显示，山东省内农户杂粮的种植多分布在山地、丘陵和田间地头，地形条件和灌溉条件好的耕地更多被用于主粮和经济作物的生产。因此，虽然随着规模的扩大，农户投入意愿越大，管理越精细，亩产量可能较高，但是受制于耕地限制，其种植意愿可能反而越低。

亩均成本与农户谷子种植意愿呈反方向变化。亩均成本越低，农户种植谷子的意愿就越强，反过来，亩均成本越高，农户种植谷子的意愿就越低，但这一影响程度较小。同时，谷子的单位销售价格与农户谷子种植意愿呈正方向变化，而且亩均成本和销售价格的影响均在1%的显著性水平下显著，模型显示，谷子的单位销售价格每增加或减少 1 元，农户种植谷子的意愿将提升或下降 6.48%。这说明谷子生产农户对谷子的销售价格比较敏感。

随着地形由平原向丘陵和山地过渡，农户种植谷子的意愿也随之增强，地形每变化一种形态，农户的谷子种植意愿提高 15.4%，这与农民熟知谷子具有喜温喜光、耐旱耐瘠怕涝的生长习性，更适宜在丘陵和山区种植，并且丘陵和山区土地的机会成本相对较低有关。

谷子的商品化率对农户谷子种植意愿的影响为正，且其影响系数在 1%的显著性水平上显著。模型显示，商品化率每提高 1%，农户种植谷子的意愿将提高 0.28%。这说明，由于谷子生产所获得的净收益相对较高，商品化率的提高有助于增强农户的谷子种植意愿。

表 1-14　模型估计结果

	模型 1 OIS	模型 2 Tobit
Gender 性别	−0.012 1	−0.012 2
	(0.044 1)	(0.041 6)
Age 年龄	0.002 04	0.002 08
	(0.001 67)	(0.001 76)
Educ 受教育程度	−0.012 5	−0.012 9
	(0.018 6)	(0.017 0)
Labor 劳动力人数	−0.019 6	−0.019 1
	(0.021 9)	(0.024 0)

（续）

	模型 1 OIS	模型 2 Tobit
Output 亩产量	−0.000 250 **	−0.000 253 **
	(0.000 104)	(0.000 113)
Cost 亩均成本	−0.000 259 ***	−0.000 257 ***
	(0.000 059 3)	(0.000 070 3)
Irrigation 灌溉条件	0.095 9	0.101
	(0.114)	(0.102)
Terrain 地形	0.151***	0.154***
	(0.050 7)	(0.044 7)
Proption 农业收入比例	−0.041 1	−0.039 7
	(0.052 7)	(0.049 7)
Commodity 商品化率	0.280***	0.280***
	(0.047 0)	(0.047 0)
Price 销售价格	0.064 7***	0.064 8***
	(0.011 9)	(0.010 1)
Cons 常数项	−0.317	−0.333
	(0.260)	(0.247)
sigma _ cons		0.188***
		(0.010 7)
样本数	155	155

注：括号中为标准误，* $p<0.1$，** $p<0.05$，*** $p<0.01$。

（5）简要结论。通过对上述模型估计结果的分析，我们可以得出以下结论：

首先，市场环境对农户杂粮种植意愿影响较大。农户杂粮生产的目的可以划分为以消费为主、以出售为主或二者兼有三种情况。农户生产杂粮的目的不同，也会导致产生不同的生产行为。杂粮销售的难易程度对杂粮的生产有直接的影响。创建良好的市场环境，给予生产者稳定的市场价格预期，为农户拓展销售渠道，提升杂粮商品化率将会极大提高农户杂粮生产的积极性。

其次，杂粮种植所拥有的耕地的地形条件对农户的杂粮生产行为存在重要影响。因为杂粮生产的特点，适应范围很广，耐旱耐贫瘠，在地形条件复杂的山地丘陵地区，农户生产杂粮与主粮等其他作物相比具有比较优势。在山地和丘陵等耕地质量较差的地区，农户种植杂粮的意愿更强烈。这有可能成为杂粮实现规模化种植和产业化经营的重要障碍。

最后，杂粮生产成本越低，销售价格水平越高，即杂粮销售的净收益越大，农户杂粮种植意愿越强烈。杂粮生产的种子、化肥、农药、机械等物质服务费用投入低，但用工较多，杂粮生产农户由于年龄较大，又地处贫困偏远山区，外出工作机会较少，通常农业生产不计家庭人工成本，这既是当前杂粮发展存在的劣势，也是杂粮生产地区发展杂粮生产的优势。在当前杂粮生产优势地区，积极推广良种和生产技术，提高杂粮单产水平，降低生产成本，扩大主产区的生产优势，逐步扩大杂粮生产的规模，促进杂粮加工业发展，积极开拓市场，挖掘市场潜力，能够促进杂粮产业化经营的发展。

专题二　杂粮流通与市场

在市场经济条件下，市场是产品生产、销售、消费和服务的主要渠道，能够为实现产业化发展提供保障基础。杂粮流通与市场是杂粮产业化体系的重要组成部分和环节。因此，加强杂粮流通体系建设，促进杂粮的商品化和市场化发展对于提升杂粮产业化水平具有不可替代的作用。

一、杂粮流通体系

由于生产和销售的分散性，杂粮在流通过程中无论是面向分散农户的收购市场，还是面向广大消费者的销售市场，都具有高度的分散性。这就造成了杂粮流通的特殊性。

（一）杂粮流通体系概念界定

在我国，“流通”的概念最早由经济学家孙冶方（1981）提出。他指出，“流通是社会产品从生产领域进入消费领域所经过的全部过程。由不断进行着的亿万次交换所构成的流通，是社会化大生产的一个客观经济过程。有社会分工，就会有交换；有社会化大生产，就会有流通过程。”他指的是社会中所有物质的流动，这是最广义的流通概念。

杂粮流通属于经济视角下的商品流通。商品流通是以货币为媒介的商品交换，是指商品生产出来以后，实现从生产领域到消费领域的转移过程，是商品所有者全部交换关系的总和。商品流通是社会化大生产中的一个重要环节，是连接商品的生产和消费，是保证生产和消费正常进行的必要条件（李修国，2011）。

商品流通不是单一的，商品流通是商品从生产者手中到消费者手中的一个转移过程，即商品在产出后所有权和使用权的改变，而在这一改变过程中必然涉及交易双方、双方交易的商品、所交易的地点，以及相应的服务和必须遵守的规章制度等种种要素。因此，商品流通中各要素组合在一起，就构成了商品流通体系。

农产品流通是指农产品生产出来以后，通过商品交换实现从农业生产领域向消费领域转移的全部过程（杨薇，2008）。农产品流通体系就是在农产品生产出来后，从生产领域向消费领域转移过程中各要素相加的统一体。

根据农产品流通体系的含义，杂粮流通体系可以被理解为杂粮产品从生产领域向消费领域的转移的过程，这一过程不仅伴随着杂粮物质形态和价值形态的改变，同时也是各种要素相互组合，各利益相关主体相互作用，实现共赢的过程。但总体而言，与主要农产品相比，杂粮流通体系是一个相对不集中和相对松散的体系，有其独特的特点，这也导致了杂粮流通的特殊性和复杂性。因此，应深入揭示杂粮流通体系自身特点，具体问题具体分析，加强杂粮各级流通环节的联系，推动整个杂粮流通体系的建设和发展。

（二）杂粮流通体系的特点

农业是利用动植物的生长发育规律，通过人工培育来获得产品的产业，农业的生产对象是动植物，使农产品的生产和流通与工业品相比有许多特殊性。杂粮与其他农作物相比，具有培育期短、种植面积小、地域性强、种植方法特殊、具有特种用途等特点，使杂粮的流通除了具有农产品的共有特质外，又具有其自身特殊的性质。

1. 杂粮生产和收购的季节性

从杂粮的生产情况看，农户通常只能随着季节的变化而种植不同品种的杂粮，具有非常强的季节性及周期性的变化，杂粮收获时间集中，但消费却是均匀的，在冬春季节杂粮品种和数量非常少，在市场上流通的杂粮大多是上一季的存粮，与夏秋季节的流通状况有非常大的差异。

2. 杂粮流通成本相对较高

农户杂粮生产规模小，比较分散，种植杂粮的地块间隔较远，组织化程度低。因此，地头收购在杂粮收购中是普遍存在的现象。当收购商到地头进行收购时，难以进行集中收购，只能分散收购，这就增加了收购成本。初始收购阶段成本的增加，给以后每一环节的加价埋下了伏笔。

同时，由于杂粮的原料性、季节性，杂粮流通对运输和储存条件要求较高，在运输储存过程中，需要特定的专用运输设备，而我国专用的农产品运输又比较落后，导致有时某些地区的杂粮无法及时运输，造成积压，导致杂粮使用价值降低。

另一方面，杂粮流通成本也经常受天气因素的影响，一些雨雪等恶劣天气，会延缓杂粮流通的进度，从而造成成本增加。

与主要农产品流通相比，杂粮流通基础设施的不完善，缺乏相应的管理规章和服务制度，也是造成杂粮流通成本增加的重要原因。目前，杂粮批发市场是杂粮流通的主要中转枢纽。批发市场、交易市场等杂粮集散地本应该是政府为杂粮交易提供的便利性、公益性的交易场所，但是，我国批发市场主要仍以商业运营方式存在，收费项目多，收费数额大，大大提高了流通成本（陈方雨，2013）。在现实中，杂粮交易方式仍以传统方式为主，杂粮各级批发市场的分布不合理，杂粮批发市场管理者不重视市场的管理和服务，批发市场管理费用高等的现象普遍存在。

这些客观存在的问题，极大增加了杂粮的流通成本。

3. 杂粮产品质量不稳定

通常情况下，农户将土壤质量好、易于机械化、灌溉条件好的土地用于主粮种植，而将土壤质量和灌溉条件差，难以实施机械化的土地才用于杂粮种植。

与主粮相比，杂粮本身作为农户一种补充的农作物种植，本身种植积极性就比较低，在管理方面往往又是粗放性的任其自然生长，很多农户的杂粮生产“靠天吃饭”，导致了杂粮产品生产参差不齐，这本身就难以保证杂粮质量。

另外，杂粮市场交易制度和规则不完善不规范，也是造成杂粮质量难以保证的原因之一。一方面，由于市场准入制度缺乏规范，致使众多质量不一的杂粮进入市场，再加上假冒种子、化肥、农药等大量流入市场，导致市场中流通的杂粮产品质量得不到充分的保障（宁珂，2013）；另一方面，由于缺乏有效的监管，难以对农户、收购商、批发商、加工企业等流通主体的市场行为进行科学合理的监督和管理，致使市场上充斥着大量的假冒伪劣产品，这样杂粮产品的质量以及安全性就无法保证。

4. “小生产”和“大市场”的矛盾

就杂粮生产而言，无论是种植面积、还是产量都远远低于其他农产品。实际中，杂粮生产的资源配置、生产能力、种植规模、产量和商品化率基本上都处于较低水平，普通农户并不想拿出更多的时间和精力投入到杂粮的生产，也没有强烈的意愿改变杂粮生产的现状，农户大都要么不种，要么零星种植或者在其他农作物的间隔中套种，能保证自给自足即可。这就决定了杂粮生产具有“小生产”的基本特征，然而，杂粮的消费市场却遍布全国城乡，消费区域广阔。

消费对生产具有反作用，这种“小生产”不仅满足不了“大市场”，而且还会制约“大市场”的发展。这也就是为什么杂粮市场经常出现“卖难”“买贵”现象的重要原因。农户想把手中剩余的杂粮卖掉，却难以找到有效的销售途径，而杂粮批发和零售价格却飞速上涨。杂粮流通中存在的这种“小生产”和“大市场”的矛盾是短时间内无法解决的，需要一个长期的产业培育和发展过程。

（三）杂粮流通方式

一般来讲，杂粮流通方式是指杂粮从生产领域一直到消费领域所经历的途径或者路线，涉及杂粮流通体系中的各个环节。与主粮流通相比，杂粮流通存在比较大的“隐形”市场和广大的“地头市场”。

因此，根据杂粮本身的特点及其在流通各环节中所涉及的流通主体，杂粮的主要流通方式可以归结为以下 3 种类型，如图 2－1 所示。

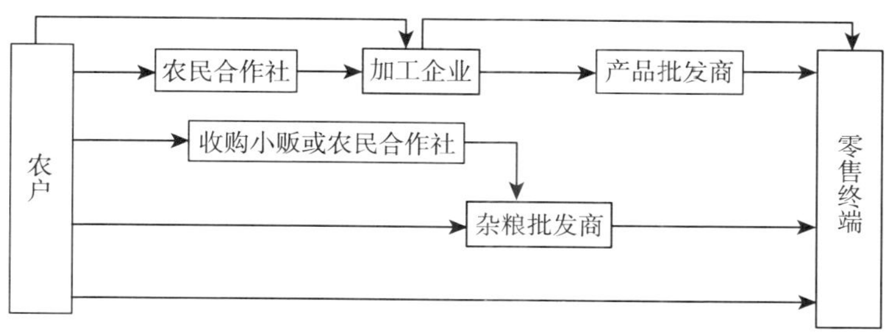

图 2-1 杂粮主要流通方式

1. 农户＋（合作社）＋加工企业＋（产品批发商）＋零售终端

这种流通方式根据其实际流通过程可以划分为三种情况：

第一种是农户和加工企业直接联系，双方签订合同，农户根据合同中所要求的杂粮数量和质量安排生产，加工企业将杂粮原料收购后，加工成产成品，然后通过下级批发商或者直接转售给零售终端，这样杂粮就从生产领域流通到了消费领域，农户根据企业的订单来安排生产活动的这一方式被称为“订单农业”。

第二种是在农户和加工企业中间加入了合作社，农户不在与加工企业直接联系，合作社成为了农户和加工企业的“中间人”，农民合作社将各分散农户统一组织起来，根据企业订单安排生产，产品由合作社进行统一收购，再统一销售给企业。与分散的农户生产者相比，合作社在与企业的谈判中能为农户争取到更大权益，农民的利益能得到切实的保障。

第三种是一些较大型杂粮加工企业通过自有基地或者向有长期业务关系、信誉良好的杂粮收购商（或批发商）购进加工所需要的杂粮原料。

2. 农户＋（收购小贩）**或**（农民合作社）**＋批发商＋零售终端**

在大部分地区，农户会将收获的杂粮产品通过地头市场直接卖给有能力的收购小贩，收购小贩在一定范围内收购一定数量后，再转卖给批发商，批发商在集中众多小贩收购的杂粮产品后，再统一卖给零售商。或者是农民合作社将杂粮产品统一收购后，再集中卖给批发商，在这儿合作社就起到了收购商的作用。而在一些杂粮种植比较集中的地区，由于规模比较大，可以形成规模经济，在杂粮规模种植的区域还容易形成大型的产地批发市场，农户可以不用通过收购小贩，直接进入到市场与大型批发商进行交易。

3. 农户（农民合作社）**＋零售终端**（超市）

这一流通方式主要有两种形式。第一种是农户将杂粮产品直接销售给消费者。农户通过集贸市场或者早市、晚市与消费者进行直接联系，消费者从农户手中购买到自己生活所需要的杂粮产品，通过这种形式的杂粮交易数量少，环节少，消费者按需购买。

第二种形式就是“农超对接”。以超市为代表的零售终端与代表农户的农民合作社直接进行合作，没有任何中间环节。超市与农民合作社签订采购合同，农民合作社直接向大型超市提供所需杂粮产品。大型超市凭借自身各方面的优势，对杂粮产品的生产和加工过程进行指导，并提供一条龙的服务，让农户减少了后顾之忧。这一流通形式为农户的杂粮生产提供了方向，避免了生产的盲目性，对于超市，降低了流通成本，从而提高了竞争力，双方实现了共赢。

二、杂粮市场

根据杂粮从生产到消费实际流通中的主要渠道的差异，本书将杂粮市场划分为两类市场："隐形"市场和"公开"市场。尤其是"隐形"市场，它体现了杂粮流通独有的特征。

（一）"隐形"市场

杂粮中的"隐形"市场主要是指杂粮生产农户将杂粮产品通过赠送的方式给亲朋好友和其他人的流通方式。这是一直以来杂粮与主粮相比在流通方式上的重要差别，与"公开"市场一起构成了杂粮流通的重要渠道。

"隐形"市场作为杂粮流通市场体系中一种特殊的市场类型，不同于传统意义上的市场。它没有传统意义上的交易双方，交易双方也没有实质性的以货币为交易媒介。

由于杂粮生产规模小，效益低，杂粮生产对于大多数农户而言，只是一种“副业”，是对主粮生产和消费的一种补充，基本上还处于半自给自足的状态。除了一小部分杂粮种植面积较大的农户外，大部分农户在自用或者赠送给亲友后才会选择将剩余的杂粮卖出。

这种隐形市场广泛存在。随着人们生活水平的提高，人们越来越重视营养和健康问题，杂粮独特的医药保健功能越来越受到人们的关注。因此，人们越来越多的选择杂粮产品作为走访亲朋好友时赠送的礼物。

在山东省，我们在调研时发现，大部分农户他们选择种植杂粮的主要目的就是为了自家消费，而其中又有很大一部分是赠送给了亲朋好友。而且在目前的农村中，在家务农的许多是上了年纪的老人，他们的孩子选择了到城市去工作和生活，这些农户生产的杂粮，有很大一部分赠送给了他们在城市的儿女或者亲戚。

与当前主粮的生产和消费相比，主粮自用和馈送只占主粮产量的极少部分，几乎可以忽略不计，而杂粮自用和馈送数量所占的杂粮产量极为可观，不容忽视。巨大、广泛的杂粮“隐形”市场对杂粮生产和消费具有重要影响。

（二）“公开”市场

杂粮流通市场体系中除了所特有的隐形市场外，还具有和其他农产品一样的流通市场，这些“公开”的市场为杂粮从生产领域流通到消费领域提供了重要的场所和载体。目前，杂粮“公开”市场主要有以下 3 种类型。

1. 地头市场

地头市场，是以种植农产品的土地为载体，以农民、农村中介人和商贩为交易对象进行地头交易农产品，被农民称之为“地头市场”（余正雄，2002）。地头市场是分散的农户从田间地头直接把杂粮卖给收购小贩。通常情况下，地头市场分布较为分散，但是，如果农户杂粮种植区域比较集中，这样，地头市场发展到一定程度就可能形成区域性较为集中的批发市场，批发市场可能通过零售渠道直接进入到居民消费环节。

尤其是在交通不便的山区，杂粮从农户生产环节通过流通进入到消费环节的过程中，地头市场更是普遍存在。在章丘市实地调研时发现，在南部山区几个乡镇的偏远村庄中，村民将少量地势相对较低、灌溉条件相对较好的土地用于主粮种植，将大部分地势条件不好的山地用于杂粮种植。当杂粮收获时，由于四周被大山环绕、交通不便，村民外出售卖杂粮极其困难，村民一般会选择将自用后剩余的杂粮卖给前来收购的商贩。

杂粮生产作为农户主要农产品生产的一种补充，生产区域分散，生产和消费规模相对较小，商品率低，导致杂粮的地头市场极为分散。收购商贩往往一个人和一辆车，直接深入到杂粮田间地块上进行收购，这就导致了收购成本的增加。同时，由于偏远农村市场化程度低，市场意识差，农户缺少获得外界相关信息的渠道，对杂粮市场和价格信息等缺乏了解，制约了其对杂粮价格的判断，只要收购小贩的收购价格在自己的接受范围之内，就会将杂粮卖出。

2. 批发市场

批发市场在农产品流通体系中发挥着重要的作用，批发市场中流通的农产品占很大比重。农产品批发市场不仅促进了农产品的集散并保证供应，而且可以很好的引导了农作物生产，从而拉动农业经济（高颖锌，2015）。

我国农产品批发市场发展迅速，按粮油批发市场来看，其数量、成交额都在不断快速增长。据统计，在2008—2014 年，亿元以上粮油批发市场数量由 2008 年的 99 个增长到 2011 年的 111 个，在快速增长过后，数量又开始下降，可以看出，这是市场结构调整带来的结果，见图 2－2。亿元以上粮油批发市场成交额由 2008 年的 812.54 亿元增长到 2014 年的 1 690.6 亿元，如图 2－3 所示。

杂粮批发市场以杂粮及其加工品为交易对象，为买卖双方提供长期、固定、公开的批发交易设施设备，并具备商品集散、信息公示、结算、价格形成等服务功能的交易场所（百度百科）。杂粮批发市场作为区域内杂粮的集散中心，在一定程度上反映出本区域内杂粮产品的供求关

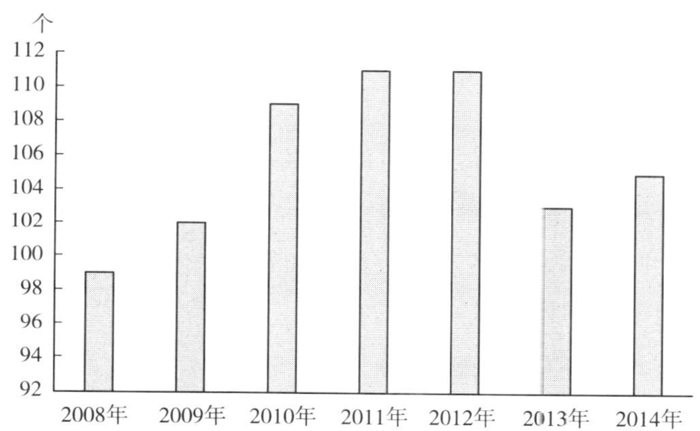

图 2-2　2008—2014 年我国亿元以上粮油批发市场数量变动情况

数据来源：国家统计局。

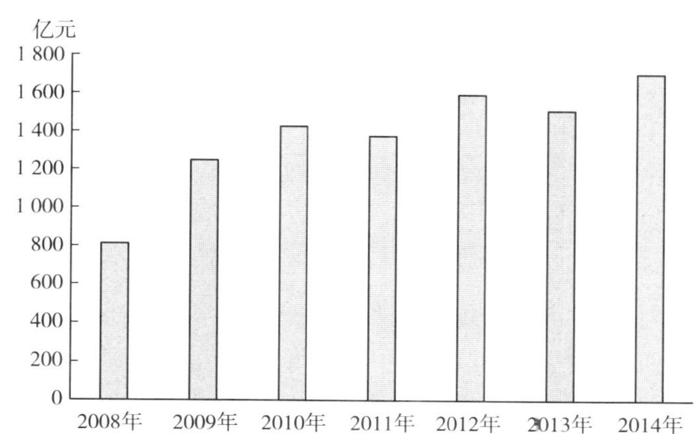

图 2-3　2008—2014 年我国亿元以上粮油批发市场成交额变动情况

数据来源：国家统计局。

系，能够为农户、流通企业、加工企业和消费者等提供相应的市场信息。

位于临沂市的鲁南国际粮油物流城是鲁南区域内最大的粮油批发市场，也是最大的杂粮批发市场。鲁南国际物流城杂粮经营品种齐全、覆盖面广、流通量大，辐射范围遍及全国，不仅吸收本地杂粮，而且还依托于临沂市及其便利的物流条件，从东北、安徽、河北等地进购杂粮。该市场内共有商铺 1 200 个，入驻商户 218 家，租用店铺 1 194个，占商铺总数的 96.7%。在入驻商户中，东三省、江苏、安徽、湖北、云南、内蒙古等外省的占 88 家，占店铺总数的 40%。鲁南国际物流城的建立和发展，不仅带动了临沂市本地区的杂粮市场的发展，同时对全省乃至全国杂粮市场的发展具有重要的推动作用。因此大型的杂粮批发市场对山东省杂粮产业来说，具有重要的提升作用。

3. 电子商务市场

电子商务是指利用互联网技术（计算机技术、网络技术、通信技术）进行的网络贸易（林灿，2015）。杂粮电子商务市场是通过互联网平台，将杂粮市场搬到网上，建立一个虚拟的交易市场，买卖双方在这个虚拟的交易市场中进行杂粮交易。相比起传统的交易市场，电子商务市场减少了中间环节，这样就缩短了交易的时间，降低了交易的费用，而且电子商务市场还跨越了时间和空间的局限，方便了交易双方，提高了交易效率。

电子商务的出现，降低了人们进入市场的门槛，只要人们有一台可以上网的电脑，就可以进入到虚拟的交易市场中。电子商务在杂粮流通和交易中的应用大大增加了杂粮种植户的选择性，农户可以通过学习相关知识，将自己生产的杂粮通过网络销售出去，增加收入。电子商务市场为杂粮种植农户提供了新的销售渠道，能有效地解决杂粮“卖难”“买贵”的现象，有效降低交易成本，缓解杂粮小生产与大市场的矛盾。

三、山东省杂粮流通体系存在的问题

纵观山东省杂粮流通体系建设和发展，虽然近年来已取得一定的成效，但仍然存在和面临一系列的困难和问题。具体表现如下 4 个方面。

（一）市场主体培育不足

1. 农户生产规模小，缺乏市场意识

由于长期受传统观念和城乡二元制结构等的影响，自给自足的小农意识在一些农村依然影响着人们的生产和生活，这就导致农户容易满足于现状，缺少开阔的视野，从而农户并不会主动的参与到市场交易中，而且当前农村老龄化严重，固守在农村种地的多为年纪较大的

农民，他们受传统观念影响深厚，较少与外界接触，不容易接受新事物。这是农户缺乏市场意识的一个不可忽视的原因。

杂粮生产本身作为农户生产的一种补充，很多农户在刚开始之所以选择杂粮种植，主要是为了自家使用。大多数农户对于杂粮生产及消费基本处于半自给自足的状态，农户只是在自我需求得到满足之后，才会将剩余的杂粮出售，这种种植意愿的偏向性不利于杂粮市场的发展。

就杂粮的种植目的，我们在山东调研了 240 位农户，其中，有效问卷有 204 份。在这 204 位农户中，有 106 位农户种植杂粮的目的是为了自家消费；86 位农户是为了出售而种植杂粮；另外，有 10 位农户种植杂粮的目的是，既为了自家消费也为了出售；目的为耕作倒茬的有 2 位。如表 2－1 所示。

表 2－1　农户杂粮种植目的统计情况

您种植杂粮的主要目的	自家消费	出售	耕作倒茬	自家消费和出售
户数	106	86	2	10

数据来源：课题组调查问卷整理。

在这 204 位农户中，以自家消费为目的的占了大约 52%，而以出售为目的占了大约 43%。具体情况见图 2－4。可以看出，大部分农户从一开始就把杂粮生产摆在了自给自足的地位，并没有希望通过杂粮生产和销售取得更多收入的要求，只是为了单纯的满足自给自足而种植杂粮，杂粮种植的初衷并不包含市场意识和考量。

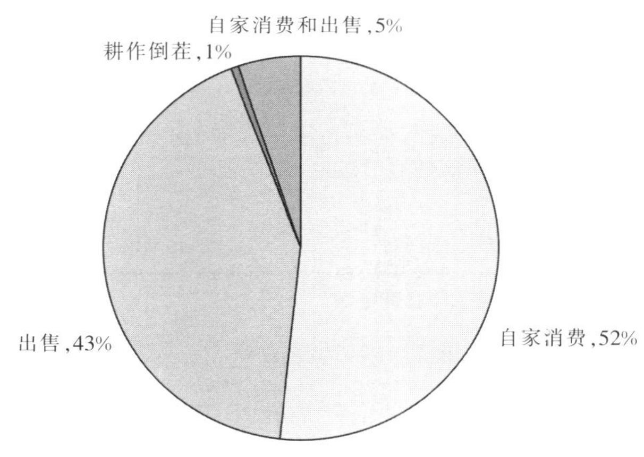

图 2－4　农户杂粮种植目的各占比重

数据来源：课题组调查问卷整理。

因此，在杂粮生产环境、特点和农户种植目的等因素的影响下，杂粮的商品率极低。204 位农户的杂粮平均商品率仅为 50.81%。具体详见表 2－2。杂粮商品率低，农户无法真正的参与到市场当中，无法作为市场主体去参与到市场活动当中，只有被动地接受市场变动对自己的影响，这样农户在市场中往往处于劣势的地位。

表 2-2　农户杂粮商品率和平均商品率

地区	商品率
利津	35.92%
章丘	36.24%
长清	86.31%
淄川	60.51%
周村	61.70%
地区平均商品率	59.34%
农户平均商品率	50.81%

数据来源：课题组调查问卷整理。

2. 组织化程度低

农村经济合作组织是衔接农户小生产与大市场的重要桥梁。由于农户自身特点，农户直接参与市场的能力较弱，农户经常被隔离在市场之外，这就需要农村经济合作组织发挥其在分散农户和市场间的衔接作用。近年来，山东省农民经济合作组织发展迅速。截至 2010 年 8 月，山东省已注册农民专业合作社 3.5 万户，总数跃居全国首位。截至 2012 年 9 月底，山东省工商登记注册的农民专业合作社达 66 633 家，比上一年同期增加 13 793 个，数量稳居全国首位（张顺，2014）。

虽然农村合作组织快速发展，但在实现农户和市场的桥梁作用方面还存在着一些不足，主要体现在：①农村合作组织成立的标准低，监管不到位。许多农村合作组织都没有基本的设施条件，更没有规范的规章制度，很多农村合作组织在成立后就名存实亡，只是挂着一块牌子，并没有发挥什么实质性作用。各级政府主管部门监管不严，造成农户和组织间时有矛盾发生，影响了农村合作组织的正常发展。②缺乏有效内部管理制度，管理方式落后。许多农村合作组织运行并没有有效的内部管理制度，有的农村合作组织在成立之初就没有设置理事会和监事会，有的合作组织即使设立了理事会和监事会，因为执行不规范，仅仅只是形式上存在，实际上还是理事长一人独大，缺乏民主管理和监督（王明东，2009）。③带动能力差，运作方式落后。农村合作组织本应能弥补单个农户生产所带来的不足，起到良好的推动作用，促进农户的生产。但社员农户间缺乏相应沟通渠道和机制，人员松散，并且受规模、实力、市场参与能力的限制，没有能力将先进的科学技术、市场资源等推广和应用到社员农户中，社员在组织中得不到任何好处，这就会导致社员的积极性大大降低。

（二）市场体系不完善

1. 市场结构不合理

近年来，市场规模快速扩大，但批发市场和专业市场规模较小，以批发市场为中心的市场网络还未形成，市场结构不合理。临沂作为山东省杂粮的主产区，杂粮种植面积大，但在临沂就只有一个大型的专业杂粮批发市场，这严重制约了杂粮从田间地头走上终端市场，不利于临沂杂粮产业的发展。

专业性的批发市场规模严重不足，小市场又无法承担大规模的杂粮流通，就造成了杂粮“卖难”“买贵”问题。

2. 缺乏对市场有效的监督、监管体系

由于政府部门本身对杂粮就不是特别重视，所以政府缺乏对杂粮市场有效的监管，也缺乏相应的监督体系，导致市场管理不规范，运行机制不完善。再加上相应的法律法规不健全，导致相关政府政策落实时得不到有效保障，使得杂粮市场秩序混乱，各利益主体的利益受到侵害。

3. 杂粮市场交易方式单一

目前，杂粮的交易方式主要还是以现金现货交易为主，虽然也有现货交易、期货交易等新兴的交易方式，但所占的比例很少。在市场多元化的今天，传统单一的交易方式已经满足不了日益增长的市场需求，应积极采用新的交易方式，促进杂粮交易方式多样化。

（三）商品化程度低

随着经济的发展，人民生活水平的提高，人们的生活方式日趋多样化和个性化，人们的消费理念从最初的解决温饱向健康、营养、时尚转变，人们越来越追求消费的质量和精神享受。譬如，发达国家农产品在超市销售的比例超过 70%，美国、德国达到 95%，我国平均只有 6%左右。专家测算，我国蔬菜和水果采摘后损耗率高达 25%～30%，经济损失超过 1 000 亿元，而发达国家损耗率在 5%以下，美国仅为 1%～2%。由于损耗率高、商品化率低，每年价值约 2 000 亿元左右的农产品没有转化为农民现金收入，相当于全国农民人均少收入 450 元（宁珂，2013）。

山东省是杂粮生产大省，杂粮种植面积排在全国前几位。但在市场上流通的杂粮主要以只经过简单初加工的产品居多，附加值低。深精加工产品，高附加值产品比例过小，进入超市销售杂粮的产品少，而且以初加工产品为主，抑制了杂粮商品化的进一步发展。

（四）标准化程度低

迄今为止，不管是面向农户的收购市场还是面向消费者的销售市场，都没有规范的标准体系。杂粮产品流通到市场中没有严格的质量标准检测，市场准入标准低，许多质量高低不一的杂粮产品混合在一起流通到市场，导致杂粮产品质量整体难以保证。即使经过加工的杂粮加工品进入市场也缺乏相应的标准体系，标准化程度低，生产损耗率高，包装差，品牌少，难以形成完整的产业链条。

四、发展对策

（一）积极培育市场主体

大力培育市场主体，首先应积极推动农户参与市场，鼓励农户参与到市场流通领域。由于受传统观念、杂粮生产特性等因素的影响，农户参与市场的积极性不高，导致杂粮商品率和市场化程度低。因此，应积极采取相应措施，对杂粮生产给予一定的政策扶持，提高农户种植杂粮的积极性；改善农户在市场中的劣势地位，保证其与其他市场主体公平、平等的市场主体地位；维护农户的物质利益，把提高农民收入作为工作的首要任务，尊重农户的自主权。同时，农户自己也应该突破杂粮生产的特性，采用耐旱、抗虫的新型良种，采取科学、合理的管理方式，提高杂粮产量和质量，促进杂粮向商品的转化，从而增加自身收入。

推动杂粮走向市场，农户具有至关重要的作用。但农户毕竟作为单个个体，获取市场信息的能力有限，在市场竞争中常常处于劣势地位。因此，应充分发挥农村经济合作组织的桥梁作用，大力提高农民的组织化程度，鼓励农户发展自己的合作组织。改变农户在组织中的角色地位，使其从被动的接受者，转变成组织决策的制定者、利益共享者。使农村合作组织成为农民在生产、生活等方面长期而稳定的依托。政府应加强对农村经济合作组织的监管力度，提高准入标准，保证组织运行的质量，保证其能够真正地发挥作用。

（二）优化和完善杂粮市场体系

建立健全杂粮市场体系必须坚持以批发市场为中心，各类型市场相互协调的发展思路。专业大型的杂粮批发市场，不仅在杂粮流通中具有至关重要的作用，而且批发市场作为农民进入市场、取得信息以及交易杂粮产品最为便捷的场所，具有组织农产品流通和价格形成、指导生产的作用。因此，应该在山东省杂粮主产区，积极发展专业大型的杂粮批发市场，对其进行重点扶持；不断完善现有批发市场，加强对现有批发市场的管理，加强基础设施的建设，进一步发挥批发市场在市场体系中的枢纽作用。

政府作为在市场中“看得见的手”，必须充分行使政府职能，建立和完善关于杂粮市场的具体政策和法律法规，同时还要时刻关注执行情况，确保政策和法律都落实的实际中去。政府还应加强对市场的监督、监管，规范市场秩序，严厉打击各种市场违法行为，促进杂粮市场体系持续健康发展。譬如，可以设置“黑名单”制度，把违法违规市场主体拉入黑名单，引导各市场主体诚信守法经营

（商务部指导意见）。

同时，各市场主体应迎合市场多元化发展的趋势，改进传统的交易方式，借鉴国外先进交易方式，如期货、电子商务等先进方式。相比于传统的现金现货的交易方式，期货、电子商务等先进的交易方式具有降低交易风险、简化交易程序、节约交易成本等优势。政府相关部门一方面要采取相应的政策，推动先进的交易方式得到实施；另一方面，加大宣传力度，使各市场主体充分认识到先进的交易方式的优势，推动杂粮交易方式更加简便、快捷，极大提高杂粮在市场上流通效率。

（三）有效提升杂粮商品化程度

现如今，杂粮的产销还处于粗放状态，杂粮还没有真正实现商品化。因此，应该从两方面推动提升杂粮商品化程度。一方面，在生产领域，应积极鼓励农户将杂粮流通到市场，提高农户的市场意识，促进杂粮原产品的商品化；另一方面，积极开发具有高附加值、深精加工产品，积极推动杂粮产品进入超市，大力提高杂粮的商品化。

（四）建立健全杂粮标准化体系

由政府或行业协会牵头，建立健全杂粮产品质量标准体系，保证进入市场的杂粮产品的质量和安全。首先从源头上就要保证杂粮质量，要保证农户在生产杂粮时，投入的生产资料有安全保证，加强无污染、无公害的生产资料的使用。其次，杂粮产品在加工时也要确保安全、科学、有序的进行。最后，采取相应措施，促进杂粮产品的品质化、成品化、品牌化，积极推动高品质的杂粮产品生产后直接进入大型超市。这样就可以减少流通环节，扩大流通范围，使杂粮产品的价值达到最大化。

专题三　杂粮加工

随着生活水平的提高和人们对健康的越来越重视，越来越多的杂粮及杂粮加工产品进入了人们的视野中，一些杂粮及杂粮加工品已经成为了人们的生活必需品。虽然杂粮加工产品品种日益丰富，深加工程度日益提高，但就总体情况来看，目前杂粮加工业的发展还远远不能满足市场需求。

一、山东省杂粮加工业发展现状

山东省杂粮加工产品主要分为原粮，包括绿豆、红小豆、黑豆等；粥料，包括小米、高粱米、大黄米等；粉料，包括小米面、高粱面、绿豆面等以及各种豆制品，如豆芽、豆浆、豆腐、豆油、蛋白粉等。谷子种植历史悠久，各地形成了“龙山小米”和金乡的“金谷”等多个知名品牌。高粱除了做粥料和粉料以外，主要用于酿造、饲用、生产生物能源等，如景芝酒业集团在垦利建立了2万亩酒用高粱基地，用于酿酒。黍子除了加工成大黄米外，主要还用与酿酒，如即墨老酒。红豆主要是加工成豆沙。

绿豆和豌豆是制作粉丝的主要原料，如龙口的粉丝。

近年来，山东省杂粮加工发展较快，加工产品种类繁多，但大部分杂粮加工还处于初加工阶段。目前，山东省杂粮加工主要呈现出以下5个特征。

（一）原料来源丰富，但质量缺乏稳定性

山东省杂粮种植历史悠久，资源丰富，种类多，分布广，全省17地市均有杂粮种植，是全国杂粮的主产区之一。其中，谷子、高粱种植面积相对较大，主产区多集中种植。2015年全省杂粮种植面积54.87万亩，总产12.21万吨。丰富的杂粮资源能够为不同品种的杂粮加工企业提供较丰富的原料基础。

然而，杂粮的小规模分散种植使得杂粮质量难以有效保证，因此，在能提供数量充足的杂粮原料同时，某些杂粮资源的能用性程度较低，同一地区、同一种类的杂粮的品质也存在较大差异，导致适合企业加工所要求的优质原材料短缺。

（二）科技水平和标准化程度有所提升，但整体水平较低

在杂粮加工的原料选择和投入阶段，由于农户分散种植，导致农户提供的杂粮品质差异较大，在生产各环节投入上具有很大的盲目性，效率低，质量难以保证；而在加

工环节，由于发展较晚，企业规模小，自身能力不足，政府管控力度不强，因此，关于杂粮加工还没有建立起相应的标准体系，各杂粮加工企业生产的产品往往没有标准可循，自身的标准就是产品的标准。

近年来，一些地方开始出现较大规模的杂粮生产。家庭农场和杂粮生产基地的建立，给农户的生产提供借鉴，为农户生产形成了一定的参考标准，这在隐形当中就形成了一定的生产标准，有利于杂粮质量的提高。同时，政府也逐渐加强了对杂粮加工业的监管，对杂粮的主要种类都设立了国家标准，这些标准为杂粮从原产品到加工品再到销售品每一个环节提供了重要的质量保证。另外，随着一些企业规模的扩大，经济实力增强，企业引进先进设备，改进加工技艺，从而极大地提高了产品质量。

随着市场需求的不断增长，单一的产品已经无法满足如今市场的多样化需求，一些杂粮加工企业也意识到这一点，不断推出科技含量高、营养价值丰富的新产品。各种有机食品、绿色食品、保健食品广泛被投入到市场中。据山东省农业厅统计资料显示，到目前为止，山东省各地杂粮品牌无公害产品的认证有 81 个，绿色产品认证 17 个，有机产品认证 3 个。

目前，虽然农户的杂粮生产有了一定参照标准，杂粮加工企业也有了相应的行业标准，加工企业越来越重视科学技术，但由于起步较晚，相对于一些发达国家，山东省杂粮整体加工能力还处于较低的水平。

（三）以初加工为主，但深加工发展较快

杂粮加工是指按照用途将杂粮制成成品或者半成品的生产过程。根据原料加工程度，可将杂粮加工分为初加工和深加工 2 种类型。

初加工是指加工程度浅、层次少，产品与原料相比，加工过程理化性质、营养成分变化小的加工过程，其主要包括清选去杂、分级、脱壳、干燥、抛光等加工工序（籍俊杰，2007）。

杂粮初加工并不涉及杂粮内在成分的改变，只是原粮或者对原粮经过简单分选、包装，主要有以下几种形式：

一是谷子初加工。通过对谷子进行清理、脱壳、碾米（或不碾米）、烘干、分级、包装等简单加工处理，制成的成品粮及其初制品，具体包括小米、小米面。

二是杂豆类初加工。通过对绿豆、红小豆等豆类进行清理去杂、浸洗、晾晒、分级、包装等简单加工处理，制成的豆面粉、黄豆芽、绿豆芽。

三是其他杂粮类初加工。通过对燕麦、荞麦、高粱等杂粮进行清理去杂、脱壳、烘干、磨粉、轧片、冷却、包装等简单加工处理，制成的燕麦米、燕麦粉、燕麦麸皮、燕麦片、荞麦米、荞麦面、高粱米、高粱面。

由于杂粮初加工程序简单，不需要投入太多的成本。

因此，杂粮的初加工多是家庭小作坊式加工。这种无序的加工方式，技术落后，质量难以保证，产品附加值低，不利于向深加工的进一步发展，难以取得更好的经济效益。

深加工是指加工程度深、层次多，经过若干道加工工序，原料的理化特性发生较大变化，营养成分分割很细，并按照需要进行重新搭配的多层次加工过程，其主要包括功能性物质和生物活性成分的萃取、分离以及提纯等加工技术（曹军，2011）。

截至2012年全国杂粮规模以上加工企业约2 000家，制粉、碾米等初级加工企业占50%，以主食和特色为主的深加工企业占50%（山西省农业科学院农产品加工研究所，2013）。

杂粮深加工程度深、层次多，通过改变、提取杂粮营养品成分，并根据需要进行重新搭配，杂粮深加工产品主要有以下一些形式：

一是杂粮饮品。包括普通型饮料和发酵型饮料，如以荞麦为原料的功能饮料，大麦茶、绿豆汁、一些含有杂粮成分的奶饮料等；而辅以牛奶、蔗糖，经乳酸菌发酵制成的荞麦酸奶、小米酸奶、薏苡仁酸奶则属于发酵型饮料。

二是风味小吃。如以小米为主要原料的小米面煎饼，以红豆、绿豆为原料的红豆馅、绿豆馅包子等。

三是方便食品。杂粮方便食品过去以杂粮挂面居多，随着工艺水平的提高，像杂粮八宝粥、杂粮方便面、以杂粮为原料的膨化食品陆续被投放到市场上。

四是以高粱、大麦等杂粮为原料的酿造食品。用杂粮酿酒自古有之，四川凉山地区的彝族人们很早就用苦荞麦为原料酿酒。如今，杂粮中的大麦是生产啤酒的主要原料，而小米、高粱也均可用来生产啤酒或白酒（迟燕平等，2010）。

近几年，杂粮深加工企业发展速度较快。据不完全统计，2000 年，我国杂粮加工企业不到 2 000 家，到 2013 年发展到 5 000 多家，大约加工 23 个品种，年产销量在 870 万吨以上（吴峰等，2013）。

虽然全国杂粮深加工企业快速发展，但就山东省来说，杂粮加工整体技术和工艺水平还比较低，从而影响了企业利润的获得和规模的扩大；反过来，又限制了企业对科技创新的投入，从而形成恶性循环。

（四）大规模加工企业数量少，种类单一

虽然近几年山东省杂粮加工产业发展迅速，企业数量增加不少，但大部分属于小规模分散经营，缺少大规模具有区域带动作用的龙头企业。在全国 2014 年度杂粮加工企业 10 强中，一家山东的企业都没有，这与山东杂粮生产大省的身份不相符合。据山东省农业厅统计资料显示，目前山东省涉农企业中，国家级龙头企业有 43 个，省级龙头企业 207 个，其中主要产品中涉及杂粮的有 41 个。

但山东省真正以杂粮为主原料进行加工的大规模企业数量较少，对杂粮生产的带动能力不足。

山东省杂粮加工种类主要以谷子、绿豆为主，在对燕麦、荞麦、薯类等杂粮的开发利用上相对较少，种类比较集中。单一的杂粮加工种类，不利于杂粮生产的多样化，加工企业集中于相同种类的杂粮加工，容易导致企业间的恶性竞争，不利于整个杂粮产业的发展。

（五）杂粮加工与上、下游产业脱节严重

由于杂粮种植规模小，产量低，获得市场信息的能力弱，因此农户在杂粮种植种类和种植面积上具有很大的盲目性，并不按市场所需来安排生产，这就造成了杂粮加工的原料需求与供应相脱节。

一方面，杂粮加工企业想扩大经营规模，壮大企业实力，可另一方面，却得不到加工所需、有质量保证的原材料。规模较大的杂粮加工企业大都直接与规模化生产单位签订订单合同，由规模化生产单位保质、保量的为加工企业提供原材料，或者由经销企业先对规模化生产单位提供的原料先收购，再提供给加工企业。在从生产到加工这一段产业链条中，杂粮加工就游离在市场之外，或者说成为了独立的部分。生产、加工、销售各行业分段发展，产业链条纵向缺乏链接，整个产业中不同行业各自发展，如果不能把各行业整合在一起，必然会导致恶性竞争，阻碍整

个杂粮产业的发展。

而且加工与市场流通联系不紧密，整体性较差，脱节严重，两环节独立运行，这样就导致了杂粮产业链的不完整。

二、案例分析

（一）公司基本情况

山东××集团有限公司是一个以杂粮深加工为主的大中型农业产业化龙头生产企业。主要生产以谷物为主要原料的谷物蛋白饮料，以绿豆、红小豆和薏仁等为主要原料的八宝粥和养生粥，以及以高粱为主要原料生产的白酒。公司地处东营市，注册资金 2.6 亿元，总固定资产 6.8 亿元，员工 1 200 多人。公司年杂粮加工量达到 12 000 吨以上，其中高粱加工量大约 6 000 吨，谷物加工量大约2 000 吨，绿豆、红小豆和薏仁等加工量大约 4 500 吨。2015 年公司总销售收入达到了 4.99 亿，其中以杂粮为原料的各种饮品占了总销售收入的 1/3。

（二）原料来源

原材料供应是杂粮深加工生产企业产品生产和质量保障的关键。为了保证原材料供应及时并具有良好的品质，拓展杂粮原料来源，有效避免散户杂粮供应的质量不可控问题，该公司对杂粮原料的收购供应主要通过以下 4 种渠道：一是通过较大的有长期合作关系的杂粮收购商收购。采用这一渠道时，对不符合标准的原料退回的情况较多。二是公司派出专门收购人员到滨州或者东营其他县市的杂粮主产区收购。三是向江苏省等省外一些有质量控制能力的杂粮经销企业采购。四是以现代农业示范区的形式建立自己的原料生产基地。

可以看出，在分散的农户生产的杂粮品质难以管控的情况下，该企业不得不采取各种有力措施保证原料质量，为此付出了更高的交易成本。而因为本身缺少有质量保证能力的有规模的杂粮经销企业，不得不到省外采购，严重影响了对本地杂粮生产的带动作用。

（三）产品研发

该公司非常重视科技兴企，科研力量较强。公司通过分析市场发展前景，结合持续不断的科研创新，研发出具有巨大市场潜力的产品，抢先进入市场，增强了自身竞争力，为企业的持续发展提供了源源不断的动力。该公司是国家发改委“2011 年重点产业振兴和中小企业技术改造”重点扶持企业，非常注重产学研的结合，在坚持自身研发的同时，时刻同外界的科研院校保持合作，积极走校企合作的发展道路，推进科技创新，提升自身的创新能力。其中，速溶性酸枣全营养果粉技术项目、谷物发酵蛋白饮料生产项目和乳品饮料生产项目被列入山东省经信委2011年度第一、二、三批技术创新项目；公司技术研发中心被山东省经信委认定为“一企一技术”研发中心。目前，公司拥有国家发明、实用新型、外观设计专利20项，其中，国家发明专利10项、外观设计专利8项、实用新型专利2项，开发出附加值高、科技含量大的农业深加工产品六大系列70多种。2013年，公司审时度势、抓住时机，投资1亿元，采用自主研发的现代生物技术，生产蛋白饮料、谷物蛋白饮料、益生菌蛋白饮料等50多个品种的新型饮料，其生产工艺并获得国家发明专利。

同时，公司积极探索现代农业与科学的经营方法相结合的发展道路。公司按照国家和省、市政府加快农业产业化的精神，紧紧围绕农业优势特色产业产品培植工程，加快杂粮种植基地规模建设。在基地建设过程中，始终坚持以完善农业龙头企业与农户利益关系为核心，以培植农民合作经济组织为重点，着力提升农业龙头企业的发展档次和水平，争取在用现代产业体系提升农业、月现代经营形式推进农村、农业发展，促进农民增收，用现代发展理念引领农业方面取得新的进展。

（四）产品销售

在产品销售上，公司实行代理商代理制，产品目前已覆盖全国，大约有1/3的产品进入到了各地的超市。公司始终坚持“真诚奉献、诚信经营”的理念，优化产品结构，开拓创新，并以市场为导向，在强化企业管理、人才、品牌优势的基础上，不断适应市场发展变化，积极调整经营思路，精耕细作资源市场，从而实现了单一产品的产业升级和市场拓展，巩固和强化了原有竞争优势，全面提高企业的市场竞争力，奉献给消费者高品质绿色健康产品。

（五）发展瓶颈

虽然该公司依靠强大的科研力量，科学的运营管理方法，敏锐的市场嗅觉、敢于创新的精神和优质的产品质量使公司得到较快发展，但是，企业发展还面临以下瓶颈的制约：

1. 杂粮原料价格变动大，利润不稳定

由于受杂粮种植面积、杂粮产量、市场需求量、自然灾害等因素变化的影响，杂粮原料的价格也经常发生较大幅度的波动。杂粮原料价格有时忽高忽低，变动剧烈，这就导致了企业收购成本也会随之发生变动，从而使企业利润极其不稳定，严重影响了企业经营，阻碍了企业发展。

2. 杂粮产品销售渠道不畅

由于人们对杂粮深加工产品认识不足，对杂粮产品品牌的认知度较低，因此，造成企业产品销售局限性较大。目前，产品流通多集中于县一级的一些较大型超市或者农村和学校超市。再加上人们对杂粮的健康保健意识还存在认识上的缺陷，这也就造成了杂粮深加工产品相比于其他产品销售要比较困难，使得企业的经营重心可能会慢慢向非杂粮产品倾斜。

3. 科技含量低、产品结构单一

企业要想科技创新，不仅要投入大量的人力、物力、财力，而且这种投资回报周期时间比较长。企业在处于刚起步阶段时，注重短期利益的实现，从而造成企业在很长一段时间内，生产的产品品种比较单一，科技含量低。当市场需求发生变化后，企业来不及做出任何应对措施，就会被市场远远地甩在后边，从而会使企业发展面临压力。

通过对山东以杂粮深加工为主的某农业产业化龙头企业发展经验的分析，可以发现，在农业产业化经营中，杂粮深加工还是一个相对较新的领域，杂粮小规模的散户生产难以为杂粮深加工企业提供质量有保障的原料来源，杂粮深加工产品还没有完全为消费者所认可，这使得通过杂粮深加工企业带动杂粮产业化经营还将有一段较长的路走。

三、发展对策

（一）以市场为导向，提高科技创新能力

杂粮加工业的发展，必须以市场为导向。市场是企业

的风向标，加工企业应该时刻关注市场需求的变化，根据市场需求，及时的研发生产出高附加值、精深加工的新产品，满足消费者不断变化的消费需求，以此来抢占市场先机。

杂粮加工业的发展还需要强大的科技支撑，企业应加大科技投入，重视产学研的结合，加强与相关高校和科研院所的合作，政府也要加大对相关高校和科研院所的支持力度，鼓励他们与企业开展合作，共同开展对杂粮的基础性研究和应用性研究，提高企业的科技创新能力，促进产品的精、深加工。在自主研发的同时，引进先进设备，通过两者结合，提高加工工艺，保证产品质量，开发生产出更多质量高、技术含量高、附加值高的产品。

（二）大力培育杂粮加工龙头企业

目前，山东省杂粮加工主体主要以中小企业为主，这些企业普遍都是小规模和分散经营，带动能力弱。因此，应大力培育杂粮加工龙头企业，龙头企业在杂粮产业化进程中，发挥着重要的带动作用，杂粮产业发展的好坏，关键看龙头企业。龙头企业规模大，经济效益好，对整个区域有非常强的带动作用。

一方面，积极推动龙头企业与农户稳定的订单合同关系和新的利益联结机制，让农户通过龙头企业获得相应的利益，从而实现自身价值。另一方面，还可以通过龙头企业，让大批农民能在产业链上就业，打破只能在生产环节上取得收入的限制，通过流通和加工环节增加收入。龙头企业的发展为区域内其他杂粮加工企业树立了一定的标准，极大地推动了区域内其他杂粮加工企业的发展，进一步带动了整个区域内杂粮相关行业的发展。

（三）充分发挥政府各项职能

任何一个行业的发展，都离不开政府的支持。杂粮加工业如今正处于快速发展时期，政府的工作与杂粮加工业的快速发展还不相匹配，或者说政府的工作落后于杂粮加工业发展。因此，政府相关部门应将杂粮加工业乃至整个杂粮产业的发展提升到战略地位，制定未来一定阶段内发展战略，并加大政策扶持力度，给予杂粮加工企业一定的资金和技术支持，充分调动企业的积极性。比如，可以从一些规模较大，市场信誉好的农业企业中，选出一批作为发展和培育对象，给予相应的政策、资金扶持。

政府不仅要“挺”杂粮企业，而且还要“管”，政府相关部门可以根据杂粮加工本身的特点，主导建立和完善行业标准规范，严格规范产品质量和检测方法，采取严格措施保证产品质量。

（四）促进杂粮加工业同上、下游产业的共同发展

杂粮加工业作为整个杂粮产业链条上的一环，受到整

个产业链条发展的限制。只有将杂粮加工与市场流通融合发展，大力培育龙头企业，推动杂粮整个行业的发展，促进整个产业体系的建设，形成一种生产促进加工，加工带动销售，销售又反过来提升加工，加工又促进生产这种良性的循环态势，最终促进整个山东杂粮产业化水平的飞跃（李栋等，2008）。因此，在重视杂粮加工业发展的同时，应促进上、下游产业的共同发展。对于上游种植业，杂粮加工企业应积极向生产者传递需求信息，让生产者的生产有方向性、目的性，不再盲目化。杂粮加工企业还应保证合理、合法收购原材料，在一定程度上保持价格的稳定性和连续性，不传递错误的收购信息，切实保障生产者的利益。对于下游产业，加工企业应时刻关注市场变化，积极拓宽产品的销售渠道，建立广泛的销售网络，还要注重品牌的建设，积极开发品牌产品，注重广告对消费者的影响作用，增强在市场上的影响力。而且还要规范销售行为，经销商应自觉遵守市场秩序，营造良好的市场环境。

专题四　杂粮产业科技创新

科技是现代农业发展的根本，杂粮产业发展必须以科技为先导。建立杂粮农科教、产学研相结合的机制，加强杂粮技术创新和研发力度，提高杂粮优良品种选育、先进生产、加工技术和信息化技术研究水平，使先进、适用技术通过顺畅的渠道和方式尽快转化为现实生产力，是科技支撑杂粮产业发展的必由之路。

一、科技支撑杂粮产业发展的重要意义

（一）有利于提高杂粮良种的研发和推广应用水平

优良品种是杂粮产业发展的基础，是当前最关键最需要解决的问题。只有优良的品种才能有优质产品，才能打造名品（柴岩，2016）。而当前杂粮品种老化、退化严重的状况已成为制约杂粮产业可持续发展的瓶颈问题。粮食育种是一项长期、复杂的工作，投入大，周期长，见效慢，特别是对杂粮育种而言，由于种植面积规模小，市场潜力相对较小，社会资本投入的积极性不高。因此，更需要财政资金加大这方面的科技投入力度。只有这样才能提

升杂粮良种的研发能力和推广应用水平，进而从源头上提升杂粮产业发展的竞争能力。

（二）有利于提高杂粮生产的机械化水平

我国杂粮主要分布在山区、丘陵等自然条件较差的地方，种植规模小，且分布相对零散，使得杂粮生产长期采用传统的人畜耕收的生产模式，严重影响了杂粮生产效率和效益水平的提升。农业部资料显示，2016 年全国农作物耕种收的综合机械化水平要达到 64%，小麦、水稻、玉米等粮食作物的机械化水平增长迅速，而谷子、绿豆、红豆等杂粮机械化收割才处于起步阶段。因此，加大杂粮生产机械的研发投入力度，提高杂粮生产的机械化水平，对于促进杂粮规模化生产具有重要的意义。

（三）有利于延长杂粮的产业链条

只有延长杂粮的产业链条，才能整体上提升杂粮产业的市场竞争力，才能更好地使杂粮的附加值留存在链条内部，进而提升链条各参与主体的营利能力。但是当前杂粮加工仍处于初加工阶段，精深加工技术落后于现实需要的现状，严重限制了杂粮产业的转型升级能力和杂粮产业链条的延长。若改变这一状况，就需要提高科技支撑杂粮的能力，使科技创新贯穿于产前、产中和产后的各环节中，提升各环节的技术含量，进而提升整个产业链条的科技竞争能力和水平。

二、政府对杂粮科技创新的支持

近年来，杂粮产业发展越来越受到社会各界的重视，各级政府均出台了一系列提升杂粮科技创新的支持政策。在国家层面上，2006 年把杂粮列入国家粮食综合生产能力增强行动计划和国家科技支撑计划，较大提升了杂粮的生产能力；2008 年以来，国家农业部把大豆、高粱、大麦、谷子、燕麦等杂粮品种列入农业部现代农业产业技术体系，从杂粮品种研发、生产和销售等方面予以科技支持，使我国杂粮产业发展步入了新的发展阶段。

山东省 2015 年把杂粮列入省现代农业产业技术体系进行建设，与国家相关作物产业技术体系工作相衔接，有效承接其创新成果，开展杂粮产业关键技术研发，包括：选育高产、优质、多抗的杂粮新品种；研发高产高效、轻简化的杂粮栽培技术；构建杂粮病虫草害综合防控体系等，通过重点攻关和联合攻关，为推动山东省杂粮产业的快速发展提供技术支持。

《山东省杂粮产业规划（2016—2020）》以市场需求为导向，立足山东各地的生产条件和产业优势，统筹规划杂粮生产布局和特色品种，着力加强产业化发展之路，规划了优质品种筛选和培育、标准化基地示范建设、杂粮品牌建设和提升、杂粮产业化模式建设、技术支撑体系建设等重点建设工程，以着力解决制约产业发展的瓶颈问题。到2020年，基本形成全省杂粮生产区域化、轻简化、标准化、产业化、品牌化的生产格局，产品数量、质量、效益大幅提高，产业竞争力显著增强。《规划》对山东省“十三五”期间杂粮产业的发展进行很好的顶层设计，必将有力地促进山东省杂粮产业尽早实现跨越式发展。

三、山东省杂粮科技创新存在的问题

山东省是杂粮资源和生产大省，但还不是杂粮产业发展强省。其科技支撑杂粮产业发展的能力还相对欠缺，在杂粮品种、技术研发与产业需求结合以及供销信息等方面存在的一些问题，制约了山东省杂粮产业的快速健康发展。

（一）杂粮品种老化、退化较为严重

良种是农产品质量的保证，是农产品竞争力的核心。从全国范围来看，长期以来在品种选育领域，国家科研资助较重视大宗粮食作物而忽视杂粮，导致杂粮研究基础薄弱，品种改良和创新工作远远滞后于产业发展的实际需要（刘慧，李宁辉，2013）。山东省虽然杂粮种类繁多，种植资源丰富，但育种研究滞后于生产发展，审定、鉴定、登

记的杂粮品种较多，而真正投入生产的杂粮品种却较少，导致至今不少地区仍在使用地方性老品种。我们调研中也发现，不少地区性的杂粮品种都是由农民自己选种，已多年没有更换。造成这一现象的原因除了因部分农民不关心品种更换外，更主要的还是因为农民找不到良种来源。农业部小宗粮豆专家指导组组长、西北农林科技大学柴岩教授的观点与我们调研的结论不谋而合，他认为杂粮没有繁供体系，又缺乏政府支持，大多数品种因育种单位没有经费不能繁种供种。

当前，山东省贴近广大农户的杂粮新品种示范基地数量还较少，不少科研单位和农业企业的杂粮新品种示范基地多是在远离农户或者农户无法直接观察到的地方，导致其示范作用不能有效到达农户。虽然近年来，山东省加大了对农业科技和农业推广的财政支持力度，但是就新品种补贴和示范这一点来说，经费投入还是明显不足。当前，山东省还没有对杂粮良种进行补贴，这不利于杂粮新品种的示范和推广应用。

（二）杂粮生产技术水平较低

采用先进的杂粮生产技术是减少杂粮种植用工、降低生产成本、提高种植效益的关键，也是种植大户、农民合作社、家庭农场等发展杂粮生产必须要解决的问题。当前山东省杂粮的种植仍以分散的农户为主体进行，其规模化、专业化、机械化和社会化生产水平还较为落后。由于杂粮的种植特点决定了其主要生长在干旱和半干旱、瘠薄和山坡岗地的环境里，生产基本条件差，农户基本上仍以传统的种植方式为主，人工播种、人工间苗、人工收获、人工脱粒，机械化程度较低，人工成本较高，减少了杂粮生产的经济效益。比如，谷子种植，由于无法使用除草剂，导致杂草泛滥，严重影响了谷子的产量，通过人工除草，每人每天 80～100 元的劳动费用，较大地增加了谷子的生产成本；绿豆、红小豆等杂豆因目前无法采用机械收割，只能雇佣人工收获，其人工成本每千克则高达 2 元，较大地降低了杂粮生产的赢利水平。

当前，有关杂粮规范化优质栽培技术方面的相关研究还较为稀少。现有的个别绿色优质杂粮生产技术规程的针对性、规范性和可操作性也较为欠缺，缺乏对合理密植、平衡施肥、化学除草、病虫防治等杂粮生产关键技术的深入研究。虽然部分科研单位也推行了一些杂粮的生产简便技术，但由于使用成本较高、适用性不强等原因，在实践中并未发挥应有的作用，没有达到预期的效果。

（三）杂粮精深加工技术落后

以市场为导向，研发杂粮精深加工技术，延长杂粮产业链条，从供给侧进行结构性改革，是提高杂粮资源利用率的重要途径。杂粮加工是指根据杂粮的用途将杂粮制成半成品或成品的一个过程，根据加工程度分为初加工和深加工。在加工产品中，初级加工占绝大部分。如大麦等杂粮以干燥、磨粉等初加工为主，深加工也长期停留在制面（片）、膨化、酿酒等方面；杂豆的深加工利用主要是粉丝、油炸豆、豆瓣酱等传统产品（谭斌等，2006）。近年来，随着农业结构调整，山东省出现了一些杂粮加工和贸易的农业龙头企业。但是多数企业在设备和技术上仍比较落后，基本上处于低层次、低水平重复加工状态，产品形式单一，档次较低；深加工数量所占比重小，深精加工不足，开发力度不够，多层次深加工产品及功能成分提取严重缺乏，名牌产品甚少。同时杂粮保健食品也是以初级加工为主，对杂粮深层药理功能和药理提炼缺乏研究，限制了杂粮产品整体经济效益和市场竞争力的提升。当然，需要明确的是，所谓的精深加工，不是过度加工。据有关资料显示，我国每年因稻谷过度加工而造成的粮食损失高达70亿斤以上。同时，过度加工还会造成对营养的破坏，如谷物50%以上的营养附着在皮层和胚芽上，过度加工将导致其营养严重流失。

（四）杂粮产销信息化建设水平不高

由于杂粮主要产自老少边贫地区，加之以农户为单位的分散生产和经营，容易造成生产、加工、销售各环节之间缺乏有效的信息交流。由于杂粮产销信息化建设水平不高，当前从事杂粮生产的农户不能及时掌握市场供求信息，不少农户主要是根据当年的杂粮价格来谋划下一年的杂粮生产，存在较大的盲目性，而且生产出来的产品往往不符合市场需求，产品或积压或稀缺，产销分割严重。同时，由于产销信息不对称，使得处于杂粮生产、销售各环节中的经营者都难以获得自己所需要的准确市场信息，导致不少从事杂粮经营的企业不能依据市场需求状况安排和组织生产，而只能根据客户的需求量临时组织货源。这样就造成了有货无商、有商无货，价格和产量不稳定的现象时有发生，从而使得杂粮种植户和从事杂粮经营企业的利益无法得到稳定的保障。这种不稳定性使部分农户和企业时而退出杂粮的生产经营，而这又在一定程度上加剧了杂粮产销信息不对称的程度。这就需要建立功能齐全、反应敏捷的优势特色杂粮产品进出口预警系统，及时为农民和生产企业提供生产和贸易信息。

（五）杂粮种植户的科技素质不高

农民的科技素质水平直接影响到杂粮新品种、新技术的推广应用效果。在山东省农村劳动力中，初中以下文化程度的占到80%以上，这一农民素质不高的现状，使得杂粮新品种、新技术的推广应用受到了一定程度的限制。新品种、新技术具有较高的科技含量，对于科学文化水平不高的杂粮种植户而言，要了解和掌握新品种和新技术，有一定的难度。即使经过宣传和培训，使杂粮种植户确信了新品种在技术上的高效，但他们仍然存有顾虑，因为他们还更为关注经济上的高效。因此，应把新品种生产技术、市场前景等作为对杂粮种植户培训的重要环节和内容。

四、提升杂粮科技创新的政策建议

（一）加大杂粮科技投入力度

一方面，应通过建立相应的制度来保障农业科技投入资金的有效供给和增长，不断优化农业科技投入结构，提高杂粮占农业科技投入资金的比重。另一方面，应发挥财政资金的带动效应，探索通过 PPP 模式吸引更多的社会资金投入杂粮科技研发领域，形成各投资主体“利益共享、风险共担”的投融资体系。

（二）完善政府主导的杂粮研发体系

积极引进、培育、壮大杂粮种业企业，加快构建以产业为主导、企业为主体、基地为依托、产学研相结合、育繁推一体化的现代杂粮种业体系，形成科研分工合理、产学研相结合、资源集中、运行高效的杂粮育种新机制。加大政策扶持力度，快速提升杂粮种业科技创新能力，培育一批拥有自主知识产权且具有良好应用前景的优良品种，通过加强杂粮种子生产基地建设，提高杂粮种业的育种能力和水平。

（三）完善杂粮科技推广体系

把杂粮科技推广体系纳入整个农业科技推广体系中，在做好杂粮公益性科技推广工作的同时，还应强化杂粮科技推广的市场化、产业化建设。通过发展杂粮新型农业生产经营主体，一方面带动小规模、分散的杂粮生产户的科技应用水平，另一方面，为杂粮生产户可以适时、有效地购买科技服务创造便利条件。

（四）健全科技要素向企业流动机制

通过制订完善的政策，鼓励杂粮科技资源、人才向企业流动。打造一批育种能力强、生产加工技术先进、市场营销网络健全、技术服务到位的杂粮产业化经营龙头企业，使其在建设公益性与经营性相结合的杂粮良种推广和技术服务体系中发挥更大的作用。

（五）加大农业农村人才建设力度

将农业农村人才发展列入各级政府的经济和社会发展规划之中，建立公益性农民培养培训制度。设立农业农村人才队伍建设专项资金，加大农村实用人才带头人、现代青年农场主、农村青年创业致富“领头雁”和新型经营主体带头人培训力度，鼓励农民采取“半农半读”等方式就近就地接受职业教育。落实人才发展各项政策，创新激励机制，吸引大中专毕业生、大学生村官、专业技术人员等人才扎根农村，投身农业。

附录： 调查问卷

山东省杂粮产业体系数据调查表

您好！2016 年中央 1 号文件强调“推进农业供给侧改革，启动实施种植业结构调整”，杂粮不仅是种植业调结构、转方式的重要替代作物，还是改善膳食结构、促进营养健康的重要口粮品种，是提高农民收益的重要经济作物。为响应国家号召、深入了解山东省杂粮生产的有关情况，特开展此次杂粮调研活动，请您给予支持。我们开展此项调查仅为学术研究，有关信息会依据有关法律为您严格保密，谢谢您的配合！

县名		乡镇名	
行政村名		被调查人姓名	
联系电话		调查日期	

青岛农业大学

第一部分　农户基本情况

性别		年龄/周岁		是否 户主	1. 是 2. 否	文化 程度		家庭务农 劳动力人数		家庭耕地 面积/亩	
自有耕地 面积/亩		租入耕地 面积/亩		耕地地形	1. 山地 2. 平原 3. 丘陵 4. 其他	灌溉条件	1. 旱地 2. 水浇地	2015 年家庭 农业收入/元		2015 年家庭非 农业收入/元	

第二部分　杂粮生产成本

（平均价格单位：元/日）

杂粮品种	主要生产资料成本				各生产环节成本																	
					耕地			施肥			打药			灌溉			采收			脱粒		
	种子	化肥	农药	其他	机械	人工		机械	人工		机械	人工		机械	人工		机械	人工		机械	人工	
						工时/天	平均价格		工时/天	平均价格		工时/天	平均价格		工时/天	平均价格		工时/天	平均价格		工时/天	平均价格

第三部分　杂粮销售收入

品种	面积/亩		产量/斤	商贩收购/斤	当地市场收购/斤	直销加工厂/斤	电商销售/斤	其他渠道销售/斤	合作社收购/斤	政府补贴/斤	单价/元
	2015 年	2016 年									

第四部分　与杂粮同一时期种植作物的成本收益比较

年份	作物	面积（亩）	产量（斤）	单价（元/斤）	生产成本（元）
2015 年					
2016 年					

第五部分　访谈类问题

1. 您 2015 年倒茬作物是________，您 2016 年打算倒茬的作物是________，您选择此作物的原因是________。

2. 下列选项影响您杂粮种植意愿的从大到小的是________。

A. 生产过程费事费力、导致机械化程度较低

B. 与其他粮食相比，效益低

C. 与主粮相比，找不到销售渠道

D. 与主粮相比外出打工后回家照看不便

E. 用工成本投入较高

F. 鸟害、病虫害较多

3. 在杂粮生产环节您最希望解决的问题是________。

A. 缺少良种　　B. 生产各环节的机械化水平

C. 政府补贴　　D. 销售渠道问题

4. 您种植杂粮主要目的是________。

A. 自家消费　　B. 出售

C. 耕作倒茬

5. 您对杂粮营养保健方面作用有多大了解________。

A. 了解很全面　　B. 了解但不全面

C. 不了解

6. 您平时食用杂粮的主要目的是________。

A. 营养保健　　B. 调剂口味

C. 饮食习惯

7. 您食用杂粮的主要方式是什么________。

A. 熬粥　　B. 杂粮加工的主食

C. 其他

8. 您食用杂粮的间隔时间有多长________。

A. 每天　　B. 每周 1～3 次

C. 每月 1～3 次　　D. 每月一次

E. 几乎不吃

9. 您对未来杂粮种植的看法是________。

A. 扩大种植规模　　B. 维持现有规模

C. 缩减规模　　D. 不再种植

参考文献

曹军，2011. 小杂粮的物性与加工［J］. 农村牧区机械化（3）：25－27.

常晋生，2006. 山西省小杂粮产业现状与发展对策［D］. 咸阳：西北农林科技大学.

陈方雨，2013. 浅析我国农产品高流通成本问题［J］. 企业研究，04：8－9.

迟燕平，王勇，南喜平，等，2010. 我国杂粮深加工的现状和发展趋势［J］. 农产食品科技，4（1）：52－56.

段志君，张森，肖兰，等，2016. 我国杂粮加工技术研究现状［J］. 四川旅游学院学报，01：17－19.

高颖锌，2015. 吉林省农产品流通体系建设研究［D］. 长春：吉林农业大学.

郭永田，2014. 我国食用豆国际贸易形势、国际竞争力优势研究［J］. 农业技术经济，08：69－74.

韩葆颖，张兴宇，2013. 杂粮：从幕后走到台前的主食新宠——全国杂粮主食加工技术示范专题论坛报道［J］. 农产品加工，12：10－11.

韩飞，2014. 如何将小杂粮做成大产业［J］. 农产品加工，07：8－9.

籍俊杰，2007. 杂粮的生产加工及其现代化初探［J］. 农业技术与装备（1）：18－19.

李修国，2011. 中国小麦流通渠道研究［D］. 北京：首都经济贸易大学.

李玉勤，2009. 杂粮产业发展研究［D］. 北京：中国农业科学院.

李玉勤，2010. 杂粮种植农户生产行为分析——以山西省谷子种植农户为例［J］. 农业技术经济，12：44－53.

林灿，2015. 湖南省农产品电子商务模式研究［D］. 长沙：湖南农业大学.

刘慧，李宁辉，2013. 我国杂粮产业发展状况调查分析——以山西省为例［J］. 中国食物与营养，03：28－30.

刘慧，周向阳，2016. 基于需求视角的我国杂粮主食化发展分析［J］. 中国食物与营养，08：17－20.

刘祎鸿，赵贵宾，董孔军，等，2016. 甘肃小杂粮生产演变特征、存在问题及对策建议［J］. 中国农业资源与区划，10：122－126.

牟少岩，李敬锁，2014. 关于构建杂粮产业化体系的若干思考［J］. 青岛农业大学学报（社会科学版），01：26－29.

宁珂，2013. 山西省小杂粮流通体系建设研究［D］. 太原：山西财经大学.

山西省农业科学院农产品加工研究所，2013. 2012年杂粮主食加工业发展情况［J］. 农业工程技术（农产品加工业），12：8－9.

孙然峰，2016. 临沂市小杂粮产业化现状及可持续发展对策［J］. 农业科技通讯，04：10－13.

谭斌，任保中，2006. 杂粮资源深加工技术研究开发现状与趋势［J］. 中国粮油学报，03：229－234.

佟晓群，2013. 杂粮主食加工技术掣肘产业发展受制［N］. 粮油市场报，11－26B03.

王丽峰，2015. 临沂市杂粮产业发展现状与对策［J］. 现代农业科技，

17：66－67.

王明东，2009. 山东省农产品流通体系研究［D］. 青岛：中国海洋大学.

王新艳，丁莉华，丁晓东，2008. 平山县小杂粮加工利用现状及对策［J］. 河北农业科技，12：7.

吴峰，胡志超，张会娟，等，2013. 我国杂粮加工现状与发展思考［J］. 中国农机化学报，03：4－7.

辛德树，李敬锁，牟少岩，2015. 山东省杂粮产业问题分析［J］. 农村经济与科技，12：172－173.

杨柳，2014. 新泰市农产品电子商务模式的研究与实践［D］. 泰安：山东农业大学.

杨薇，2008. 中美农产品流通政策比较研究［D］. 天津：天津财经大学.

余正雄，2002. 浅议农村地头批发市场的作用及发展对策［J］. 西部社会（10）.

袁素华，2016. 杂粮产业发展现状分析及建议［J］. 农业技术与装备，01：58－60.

张宝林，2013. 杂粮主食需求巨大产业升级亟待发力［J］. 农产品加工，12：22－23.

张顺，2014. 山东省农村专业合作经济组织建设研究［D］. 青岛：中国海洋大学.

周晓艳，2016. 大力发展小杂粮、干鲜果等七大特色产业［N］. 山西科技报（第4版），08－23.

Hiremath，Deepa B，Shiyani，R L，2012. Coarse Cereal Production and Sustainable Food Security［J］. Indian Journal of Agricultural Economics，673.

Kiran Deep Kaur，Alok Jha，Latha Sabikhi，A. K. Singh，2014. Significance of coarse cereals in health and nutrition：a review [J] . Journal of Food Science and Technology，518.

Xianmin Diao，2016. Production and genetic improvement of minor cereals in China [J] . The Crop Journal.

图书在版编目（CIP）数据

山东省杂粮产业化经营研究 / 牟少岩，林德荣著．—北京：中国农业出版社，2016.12

ISBN 978-7-109-22531-2

Ⅰ.①山… Ⅱ.①牟… ②林… Ⅲ.①杂粮—产业化经营—研究—山东 Ⅳ.①F327.52

中国版本图书馆 CIP 数据核字（2016）第 303090 号

中国农业出版社出版
（北京市朝阳区麦子店街 18 号楼）
（邮政编码 100125）
责任编辑 姚 佳

中国农业出版社印刷厂印刷 新华书店北京发行所发行
2016 年 12 月第 1 版 2016 年 12 月北京第 1 次印刷

开本：880mm×1230mm 1/32 印张：4.25
字数：113 千字
定价：26.00 元